# 编委会

**主　编**

姜国华

**执行主编**

宋　鑫

**编　委**（按姓氏拼音排序）

| | | | | | |
|---|---|---|---|---|---|
| 白　锐 | 曹　宏 | 曹艺舰 | 冯　菲 | 付志明 | 高迪思 |
| 顾春芳 | 韩英红 | 胡晓倩 | 胡新龙 | 季　梵 | 金　鑫 |
| 李　峰 | 李　鸿 | 李　洋 | 李泊桥 | 林奕成 | 刘　述 |
| 刘德英 | 刘启铖 | 刘欣悦 | 刘秀文 | 刘彦琪 | 龙　玉 |
| 龙　媛 | 路　菁 | 马冬妮 | 梅笑晗 | 孟世勇 | 亓　昕 |
| 商晨雯 | 史　雨 | 孙永臻 | 田英一 | 童云海 | 万　梨 |
| 万佳卉 | 王　蓓 | 王　春 | 王　楠 | 王　岳 | 王伟华 |
| 王雨辰 | 魏丽明 | 辛广伟 | 徐靖仪 | 徐玉隽 | 徐紫迪 |
| 杨靖晗 | 杨晓雨 | 张　泉 | 张　岩 | 张　勇 | 张展嘉 |
| 赵忻怡 | 周建超 | 周媛媛 | 祝　帅 | | |

# 因美之名

## 北京大学美育改革创新优秀案例集

姜国华 主　编
宋　鑫 执行主编

## 图书在版编目(CIP)数据

因美之名：北京大学美育改革创新优秀案例集 / 姜国华主编；宋鑫执行主编. -- 北京：北京大学出版社，2025.9. -- ISBN 978-7-301-36614-1

Ⅰ.G40-014

中国国家版本馆CIP数据核字第2025PK9300号

| | |
|---|---|
| 书　　　名 | 因美之名：北京大学美育改革创新优秀案例集<br>YINMEI ZHIMING: BEIJING DAXUE MEIYU GAIGE CHUANGXIN YOUXIU ANLIJI |
| 著作责任者 | 姜国华　主编　宋　鑫　执行主编 |
| 责任编辑 | 任彤彤　张亚如 |
| 标准书号 | ISBN 978-7-301-36614-1 |
| 出版发行 | 北京大学出版社 |
| 地　　　址 | 北京市海淀区成府路205号　100871 |
| 网　　　址 | http://www.pup.cn　　新浪微博：@北京大学出版社 |
| 微信公众号 | 通识书苑（微信号：sartspku）　科学元典（微信号：kexueyuandian） |
| 电子邮箱 | 编辑部 jyzx@pup.cn　　总编室 zpup@pup.cn |
| 电　　　话 | 邮购部 010-62752015　发行部 010-62750672<br>编辑部 010-62753056 |
| 印　刷　者 | 河北博文科技印务有限公司 |
| 经　销　者 | 新华书店 |
| | 650毫米×980毫米　16开本　14.5印张　彩插2　230千字<br>2025年9月第1版　2025年9月第1次印刷 |
| 定　　　价 | 58.00元 |

未经许可，不得以任何方式复制或抄袭本书之部分或全部内容。
**版权所有，侵权必究**
举报电话：010-62752024　电子邮箱：fd@pup.cn
图书如有印装质量问题，请与出版部联系，电话：010-62756370

细菌 LB 固体培养基

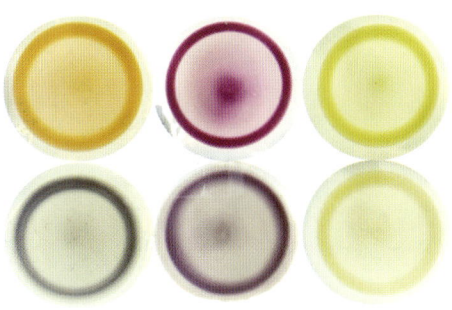

表达各种荧光蛋白的大肠杆菌

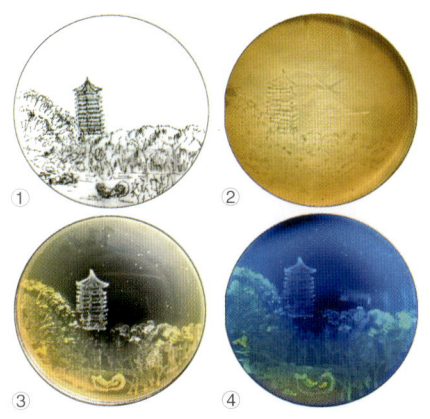

"未名星空"微生物艺术作品

揭秘地黄花的微观世界

银杏凤钗

"素描：摹习与创作"课上学生使用多种材料进行临摹

"油画临摹理论与实践"课程作品

"油画临摹理论与实践"课程作品

北京大学"九一剧场"首演现场

顾春芳教授和参与《情观红楼梦》话剧排演的全体同学在燕南园合影

《情观红楼梦》舞台现场

"颗粒艺术"课程教学成果首次在北大展出

颗粒艺术作品《梅兰芳》

二十余人以一万多块颗粒方为材料,历时三小时创作的平面作品《艺术学院》

"极客大地艺术摄影作品展"学生摄影作品

# 序

作为承载着百年历史与人文底蕴的学术殿堂，北京大学始终将美育视为人才培养的重要一环。纵观北大美育发展历程，从蔡元培校长提出"以美育代宗教"，将其视为"养成健全人格"的重要途径，到如今努力践行"以美育浸润学生""以美育浸润教师""以美育浸润学校"，北大始终走在美育探索与实践的前沿，致力于培养具有崇高审美情趣和深厚人文素养的时代新人。

北京大学具有悠久的美育学统。1912年，蔡元培先生在《对于新教育之意见》一文中强调美育的重要性。1917年就任北大校长后，蔡元培先生在学校教育中大力推行美育，将美学纳入通识教育体系，并亲自讲授"美学"课程，编写《美学通论》讲义。五四新文化运动时期，美育成为思想解放和文化启蒙的重要载体。蔡元培先生重视美学和艺术研究，聘请徐悲鸿、陈师曾等一批艺术大师和学者来校任教，支持成立"北京大学音乐研究会""画法研究会"，推动设立中国首个美学教研室，为北大美育奠定了坚实的学术基础，使北大迅速成为全国的艺术文化教育中心。

北京大学深厚的美育传统延续至今。新时期，北大构建了多元立体、贯通融合的美育课程体系，组织跨学科美育课程，创新美育教学模式，在课程和教学中充分融入美育理念，培养、提升学生的美学素养、审美鉴赏能力和创造性；深化美育实践改革，满足学生多样化的美育需求，搭建艺术实践与交流平台，吸引更多零基础、零兴趣学生参与。2023年，学校开展了首届美育改革创新优秀案例评选工作，共有20项案例入选，其中有将专业学习与艺术实践深度融合的"美育+"课程，有以"感受美、创造美"为目标的美育实践课程,有丰富多彩的美育实践品牌活动,也有将美育与科技创新紧密结合的积极探索,等等。这些优秀案例主题突出、思路创新、内容翔实、做法鲜明,具有很强的典型性、引领性和示范性。

《因美之名:北京大学美育改革创新优秀案例集》的出版是对北大新时期美育探索与实践的一次集中展示,也是北大美育改革创新成果的缩影。相信这部优秀案例集能够为广大美育工作者提供有益的经验,促使他们找到可以借鉴的做法,创造出更加丰硕的美育成果,有力促进高校美育改革创新。

美育滋养心灵、升华人格,是人类文明传承的重要载体。北京大学将坚持以美育人、以文化人,不断深化学校美育育人实践,弘扬中华美育精神,完善"大美育、大思政"的育人格局,为推动新时代高校美育改革创新,培养德智体美劳全面发展的社会主义建设者和接班人,贡献北大智慧和力量。

姜国华

2025 年 6 月 30 日

# 目 录

序 ............................................................................................ 1

"生物标本制作与艺术"课程美育创新特色 ............................................ 1

融天方之文,固华夏之魂 —— 北京大学阿拉伯文书法课程 ........................ 17

浸润式美育新模式:"零基础"的绘画课 .............................................. 33

"声乐演唱与表演" —— 综合性大学声乐教育的实践与创新 ...................... 45

青春北大人,情观红楼梦 —— 北京大学美育优秀案例"情观红楼梦"课程
  实践 ..................................................................................... 55

医学人文与美学的融合之韵:"医学人文、法律与电影赏析"课程 ............ 69

泰戈尔《春天》瑜伽诗剧美育教学实践 ................................................ 77

"颗粒艺术":新观念、新概念、新理念 .............................................. 88

艺术家工作坊:顶尖艺术家引领的实践导向美育探索 ............................ 103

"以学生为中心"的书法工作坊教学设计与创新 .................................. 114

小课堂、大美育 —— 书法实践教学的建构与探索 ................................ 125

实践型艺术课程美育创新特色 ......................................................... 136

极客创意动手实践课美育创新特色 .................................................... 146

以影塑心，以美育人——大讲堂艺术影院打造"戴锦华教授导赏系列"美育品牌……158

深挖学科美育内涵，协同共建美育品牌——北京大学图书馆"学科之美"系列讲座……168

以美育人，以文化人——图书馆传统文化美育实践探索……178

依托文化艺术类社团提升高校美育质量：北大剧社戏剧实践工作坊建设……186

以住宿制书院课程为核心，探索美育新举措……193

基于美育资源整合利用的多元立体化育人实践项目：北京大学赛克勒考古与艺术博物馆美育创新特色……203

发挥纽带作用，促进共建共享：百周年纪念讲堂推动社会美育资源整合……214

# "生物标本制作与艺术"课程美育创新特色

辛广伟　孟世勇　胡晓倩　张　泉　龙　玉
（生命科学学院）

## 一、课程概况

"生物标本制作与艺术"是北京大学的一门全校通选课，于 2017 年春季首次开设。开设此课程有两个契机，一是全新的"北京大学生物标本馆"落成，既为全校师生乃至社会各界提供了一个了解和学习生物多样性的场所，也为本课程开展教学活动提供了资源支撑；二是在多年生物教学和科学研究的过程中，老师们深切体会到生命世界的美好，从森林草原到叶片花粉，从熊狮虎豹到飞鸟鱼虫，生命虽然形态各异，却都涌动着蓬勃的生机，既能洗涤心灵，更能激发灵感。故此，几位老师经多次讨论，决定将生物学内容与美学相结合，共同开发出"生物标本制作与艺术"课程。课程设立的初衷是为非生物科学类专业的学生提供一个探索、欣赏和保存生命之美的平台，期望学生在平心静气的艺术创作过程中，纾解日益加重的学习压力，陶冶情操、释放自我，以更好的精神面貌去面对学业和生活。

课程教学团队由来自实验教学中心和生物标本馆的老师联合组成，包括胡晓倩、辛广伟、张泉、孟世勇、龙玉、曾傲雪、叶律等。团队成员曾多次获得"北京大学教学优秀奖"、生命科学学院"最受欢迎教师""郑昌学教学优秀奖"等奖项。本课程是生命科学学院最受欢迎的实践类课程之一，选修本课程的学生来自工学院、法学院、数院、光华、物院、城环、地空、中文、考古、信科、国关等全校十多个院系。

## 二、课程设计理念

作为一门生物科普类课程,"生物标本制作与艺术"期望集科学性、艺术性与实践性于一体,为学生提供跨学科的学习机会。课程从艺术和美学的角度入手,阐述生命科学的硬核内涵,内容涉及生物学中的微生物学、植物学、动物学、生态学和细胞生物学等多个领域的基础实验操作技术,融入了微生物形态观察、无菌操作、显微镜的基础操作和显微样本制备、植物展示标本制作、生态拓印以及压花艺术等多种多样的趣味实验和生物实践技巧,让学生在了解生物学常识并掌握基本操作方法的基础上,发挥自己的想象力和创造力,创作出独具风格的生物艺术(Bioart)作品。

课程主要内容共涵盖五大模块。

### (一)微生物:生长的艺术

微生物(Microbiology)形体微小,广泛分布于空气、水、土壤以及人体皮肤等处,并且与人类的健康息息相关。在这一模块,教师首先介绍微生物的基本概念和无菌操作的方法,然后讲解检测人体体表及环境中的微生物的方法和微生物形态观察的要点。微生物种类繁多、繁殖迅速,还具有不同的颜色和形态。学生可以充分发挥丰富的想象力和创造力,以微生物为"颜料",以培养基为"画板",利用科学的无菌操作手段,创作出独具特色的生物艺术作品。例如,利用基因改造后的大肠杆菌所表达的GFP、RFP、YFP等彩色荧光蛋白可以创作出只能在特定波长的激发光下显色的非传统绘画作品。这些艺术作品兼具科学性、趣味性和艺术表现力,可以让学生充分感受生长的艺术。

### (二)微世界:到微观世界去旅行

显微镜能将细微之处放大,极大地拓展了人类视界。这一模块主要介绍如何使用解剖镜和显微镜观察身边的物体。从肉眼观察到解剖镜下操作,再到显微镜下放大,一步步深入人们日常生活尺度以下的"微世界"。在显微镜下,片羽寸毫亦如高山大海;那些熙熙攘攘的微小生物似乎也有离合悲欢。显微镜下的观察,正如一场旅行,能带领学生走向"一沙一天堂、一花一世界"的广阔天地。

### （三）生态拓印：拓出来的自然印迹

生态学（Ecology）是一门研究生物与环境之间相互关系及其作用机理的科学，而运用拓印这门古老的技法来表现生态学的内容实在是再合适不过了。这一模块主要介绍可以用于生物标本制作的各种拓印方法，学生只需利用最简单的工具和随手可得的材料就可以完成植物叶片和植株的复刻、鸟类和哺乳动物脚印的采集、鱼类标本复现等有趣的工作。无论是直接的印拓、干拓、敲拓，还是利用石膏和陶泥进行的翻模拓印，都是在记录和复刻生物体上最直接、最细微的痕迹。而正是这些痕迹表明了风雨中绿叶的坚强，海浪里大鱼的翱翔，以及花朵与飞鸟、贝壳和岩石之间的恩怨情长，更可以看到时间在树干上烙下的华章，不管是野火招摇还是雨顺风调。当学生真正在自然界中慢慢寻找、细细观察，触摸到那些自然的印迹，并把它们拓进自己的心里时，他们就会与这个世界产生无法割舍的联系，这就是生态学的精髓。

### （四）展示标本：方寸之间的大千世界

制作植物标本（Plant Specimen）是捕捉并保存植物形态的一种重要手段，对研究植物多样性、推动保护生物学发展和支撑生物学教育具有重要作用。国内外许多著名研究机构都收藏有非常多的植物标本，例如北京大学生物标本馆收藏有6万份植物标本，其中包括中国人最早大规模采集的植物标本。长期以来，植物标本特别强调科学性，即每份标本仅保存单个植株，包含采集地点、采集时间、生境和植物形态的详细描述，但却忽略了艺术性，导致标本的展示效果欠佳。这一模块主要介绍科学标本与压花艺术相结合的植物标本制作方法，即在学习植物形态学描述和物种鉴定的方法的同时，在标本上用同一个个体的植物材料或画笔等进行相应的艺术创作。如此就可以形成一种既具有科学严谨性又具有艺术感染力的植物展示标本，真正展现方寸之间的大千世界。

### （五）压花艺术：定格美好一瞬

压花艺术（Pressed Flower Art）是源于植物标本的一种艺术形式。近年来国际压花艺术迅速发展，国内压花艺术也逐渐进入大学课堂。这一模块将重点讲述如何利用干燥的平面植物材料，设计制作出具有观赏性和实用性的艺术品。在创作过程中，学生们可以利用植物的根、茎、叶、花、果和树皮等干燥的平面植物材料，巧妙结合植物本身的质地、形状、色彩和线条等特性，完成一幅幅格调高雅、色彩丰富、形式多样的压花作品，用自己的艺术创作定格大自然的美好瞬间。

以上五大模块的内容在教学设计上可进一步分成9次课程，其中微生物模块2次，微世界模块1次，生态拓印模块2次，展示标本模块2次，压花艺术模块2次。除此之外，还有蓝晒、植物印染拓、铜板印等内容供感兴趣的学生选择。每次课程会根据教学内容设置一定的题目对学生进行考核，题目同样分成两部分：一是科学性考查，以了解学生对本节课知识内容的掌握情况；二是艺术性考查，此部分要求学生选出自己作品中最满意的一幅，老师将对其创意性、完成度等进行评分。所有模块考核均合格，学生才可获得课程学分。

## 三、典型教学案例

下面以微生物模块为例来展示详细的教学过程。

作为一种与人类共同生活的生命体，微生物本身就非常美丽，只是我们鲜有机会细致观察。在实验室中，借助简单的无菌培养和显微观察技术，就可以领略到微观世界的魅力。这些形态各异、色彩斑斓的微生物也为艺术创作提供了独特的素材。如果以微生物为"颜料"，通过精巧的设计和科学的无菌操作手段，我们可以在培养基中"种"出独一无二的微生物艺术作品。这些活的艺术作品伴随着微生物的生长，每天会呈现出不同的姿态。在本案例中，我们将一起学习如何检测体表和环境中的微生物，以及如何利用微生物创作出令人惊叹的生物艺术作品，并从艺术的角度去感悟科学之美。

**教学环节1：准备"画板"**

利用微生物进行艺术创作所需的"画板"是固体培养基。所谓培养基就是经人工配制而成的适合微生物生长的营养基质，我们在培养基中加入适量的琼脂粉就能使其保持为固体形态。培养基一般含有碳源、氮源、无机盐等多种营养成分。由于微生物种类及代谢类型的多样性，不同的微生物所偏好的培养基具体成分也存在差异。例如，细菌等原核生物喜欢在中性或微碱性的环境中生长，酵母和霉菌等真核生物则适于在偏酸性的环境中生长。在创作微生物画时，需要根据不同的菌种选取不同配方的培养基。

　　一般通用的细菌培养基为LB固体培养基。常规LB固体培养基呈透明的淡黄色。为了实现特定的艺术设计，可以在配制好的LB固体培养基中加入少许彩色墨水等水溶性颜料，充分振荡摇匀，待颜料溶解后将培养基进行高压蒸汽灭菌处理，然后分装到无菌培养皿中制成不同颜色的细菌LB固体培养基（图1）。即便仅使用菌液在培养基表面进行简单的涂抹，不同颜色的培养基也可能会呈现出惊艳的效果。

**图1 细菌LB固体培养基**
（摄影：辛广伟）

**教学环节2：发现身边的微生物**

　　在人体的体表、体内以及周围的环境中，生活着大量的微生物，我们可以利用合适的固体培养基来收集这些微生物。微生物在固体培养基表面生长繁殖，形成肉眼可见的菌落。通过对特定环境中的微生物进行检测，可以大致估测出该环境中微生物的种群分布和数量。这些微生物还可以进行进一步的分离和纯化，为微生物的形态观察和功能研究奠定基础。

不同菌落的表面形状、大小、隆起度、颜色、透明度、有无水溶性色素等特征各不相同，可以作为鉴定不同微生物种群的依据。在观察体表和环境中的微生物菌落的数量和种类时，可以借助直尺、镊子、解剖针等工具进行测量和检测。利用家用放大镜或实验室中的体视显微镜，可以进一步观察菌落的具体形态，如菌落表面的皱褶或霉菌的孢子丝等。

**图 2 一只家猫体表的微生物**
（摄影：刘过）

图 2 展示了用 LB 固体培养基收集的一只家猫体表的微生物。室温培养三天后，单个微生物就能长成肉眼可见的菌落。不同菌落的颜色、大小、形状等特征各不相同。

**教学环节 3：细菌个体和菌落形态观察**

本环节要求学生系统观察已鉴定的体表或环境微生物的个体及菌落形态。由于细菌个体一般小于 0.1 mm，与背景反差较小，很难用显微镜直接观察，一般须借助特定的染色方法使菌体着色，以增大菌体与背景的反差，并使用显微镜的 100× 油镜头进行观察。虽然细菌个体单凭肉眼难以直接观察，但细菌的菌落可以呈现非常多样的颜色，这些颜色大多来自细菌天然代谢的产物。现代基因工程技术可以通过向细菌中人工导入来自其他物种的荧光蛋白基因或色素蛋白基因，而使得细菌的颜色更加丰富多彩（图3）。

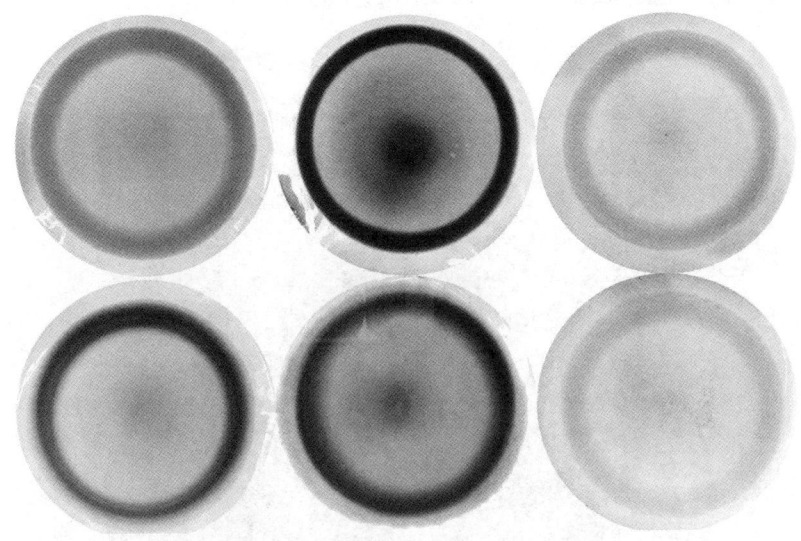

**图3 表达各种荧光蛋白的大肠杆菌**

（作者：辛广伟）

**教学环节4：微生物艺术创作与观察**

微生物艺术创作的"画板"是固体培养基。微生物艺术创作的"颜料"是细菌。细菌需选自处于生长前期的菌液，常用的创作与观察方法如下所述。

（1）毛笔菌液画

毛笔菌液画是以毛笔为引，以菌液为"墨"，以培养基为"画板"进行创作的作品。由于微生物具有强大的生长增殖能力，在进行微生物艺术创作的过程中，下笔后就无法再进行修改。这类似于传统水墨画的创作，要意在笔先，胸有成竹。初次尝试者可以预先根据"画板"的尺寸设计草稿，在固体培养基上按照草稿的笔触和线条进行描摹（图4）；完成后需将培养皿盖上盖子，倒置于37 ℃的培养箱中进行培养。

图4展示的作品创作过程如下所述。

①根据培养皿的尺寸设计草稿；

②根据草稿选择适当粗细的毛笔，蘸取特定颜色的菌液（图4中用的是荧光菌）进行描摹，可隐约看到培养基表面的笔触痕迹；

③将培养皿倒置培养一段时间，可看到培养皿表面形成的艺术画；

④菌落在蓝色激发光下可以发出明亮的荧光。

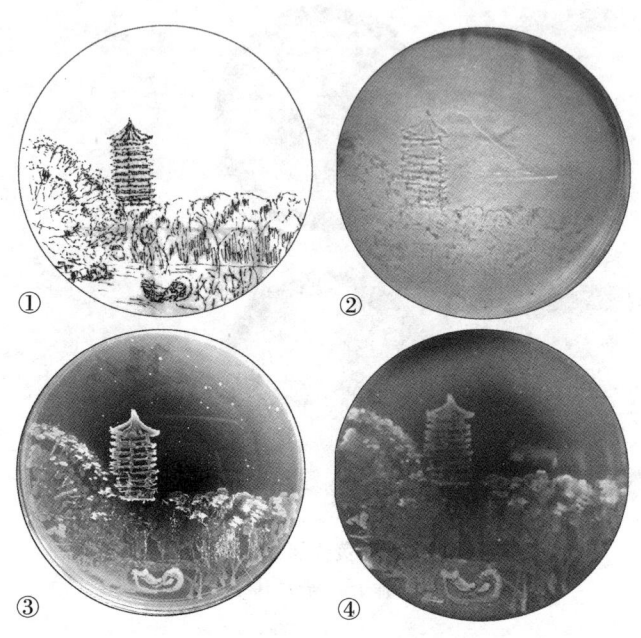

**图4 "未名星空"微生物艺术作品**

（作者：熊樱）

临摹的工具可以根据作品的需要选择不同粗细的毛笔或勾线笔。毛笔是一种传统的书写工具，和微生物接种环相比，毛笔的笔头柔软，不容易破坏培养基，同时毛笔的吸水性较强，可以持续画出均匀的长线条。每种微生物"颜料"都需要选用不同的毛笔蘸吸，所有毛笔使用后应立即用清水彻底冲洗，并浸泡于75%酒精中消毒，晾干后可循环使用。

（2）紫外线照射制图

紫外线是一种具有辐射能的电磁波，可以破坏核酸结构，使细菌死亡或无法正常分裂产生后代。利用紫外线照射的杀菌效果和紫外线穿透性较差的特性，也可以"绘制"出特定的微生物图案。图5展示的作品创作过程如下所述。

①选取较厚的黑纸片,将其剪裁成特定的形状;

②吸取一定量的细菌悬液滴加到 LB 固体培养基上,并用涂棒将菌液在培养基表面涂布均匀,或者用毛笔将菌液涂布于裁好的黑纸片背面,将黑纸片覆盖于培养基表面,使带菌液的纸面接触培养基;

③将盖有黑纸片的平板置于紫外线灯下,打开培养皿盖子,将培养皿正置进行紫外线照射;

④紫外线照射 30 分钟后关闭紫外线灯,取出黑纸片,盖上培养皿的盖子,将培养皿倒置放于 37 ℃培养箱中进行培养。

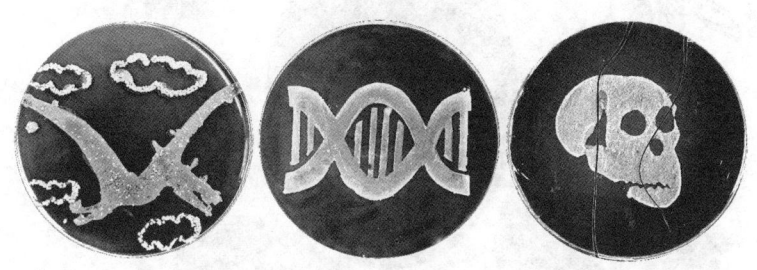

图5 通过紫外线照射绘制的微生物图案

(作者:陈逸坤)

## 四、课程教学成效

当今社会,美育的重要性愈发显著,它不仅是个人全面发展不可或缺的一部分,也是提升民族文化素养、激发创新创造力的关键途径。本课程通过巧妙融合生物科学与艺术创作,开辟出了一条独具特色的美育之路,且成效显著。

### (一)科学因艺术而生动:为科学插上艺术的翅膀

科学往往给人以严谨、生硬的印象,而艺术则赋予世界以温暖和色彩。本课程将生物学与艺术创作相结合,为科学插上了艺术的翅膀,使其变得更加生动、有趣。

**1. 微观世界的艺术秘境。** 课程中的"微世界""微生物"等模块,引领学生深入探索生物学的奇妙世界。在"一沙一天堂,一花一世界"的细致观察和宏观联想中,学生不仅学习了科学样本的制备、记录和观察方法，更产生了对微观世界的无限好奇与探索欲望。例如，在"微世界"模块中，学生亲手制作并观察植物细胞、细菌等微观结构（图6），这些原本不可见的"世界"，通过显微镜的艺术呈现，变得既神秘又迷人。

**图6 揭秘地黄花的微观世界**
（作者：张泉）

**2. 科学与艺术的美妙交响**。除了传授生物科学知识，课程还特别注重引导学生发现科学解读的新视角。在"生态拓印"和"压花艺术"模块中，鼓励学生以个性化的视角去观察和记录周围的自然世界。通过绘画、拓印等方式，学生将科学观察与艺术表现巧妙结合，使科学数据不再枯燥乏味，而是充满生活气息和艺术美感（图7）。这种新的解读方式不仅让学生更深刻地理解自然规律，还教会了他们如何用艺术的语言表达科学思想，为科学的传播和普及开辟了新路径，同时也增添了对生命世界的人文关怀。

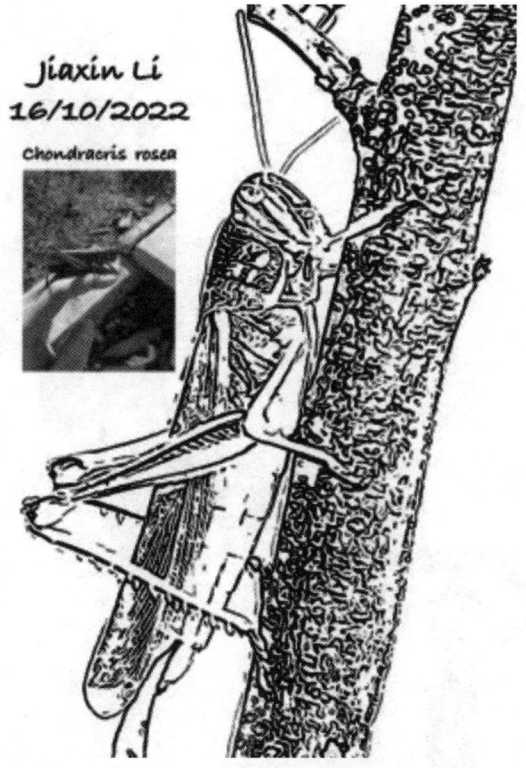

图 7 生活小景：捕捉一只棉蝗的日常休憩

（作者：李嘉欣）

**（二）艺术因科学而深邃：科学拓展艺术的可能性**

艺术，往往依赖于创作者的想象力和创造力；而科学，则为艺术提供了无尽的灵感和素材。本课程通过融入生物科学知识，为艺术创作增添了新的维度。

**1. 生物标本的艺术蜕变。** 课程中的"生态拓印""展示标本"和"压花艺术"等模块，旨在让学生在动手实践中感受美的魅力，同时提升自我审美水平和艺术创造力。在"压花艺术"模块中，学生通过制作压花书签、压花画等作品，学会了如何将自然之美定格在纸间（图8）。这种对美的细腻处理和表达，不仅展现了生物标本的自然美，还融入了创作者的艺术构思和情感，使得作品更具艺术价值和观赏性。

**图 8 银杏凤钗**

（作者：杨舒雅）

2. 科学灵感激发艺术创新。生物学的知识为艺术创作提供了丰富的素材和灵感。例如，在"微生物"模块中，学生利用微生物培养皿中的菌落生长形态进行艺术创作，通过控制培养条件和时间，使得菌落呈现出不同的颜色和图案，形成了一幅幅独特的艺术作品（图9）。这种将科学知识与艺术创作相结合的方式，不仅拓展了艺术的边界，还激发了学生的想象力和创造力，为艺术创作开辟了新的领域，让艺术因科学而更加深邃和丰富。

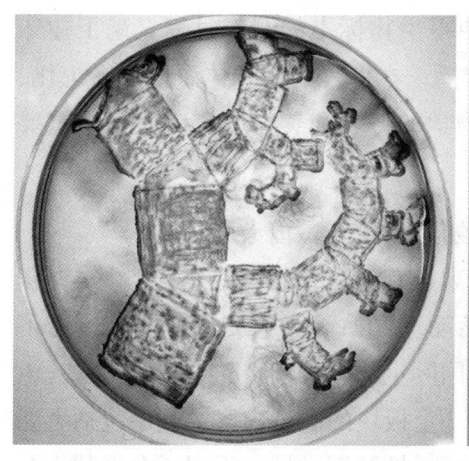
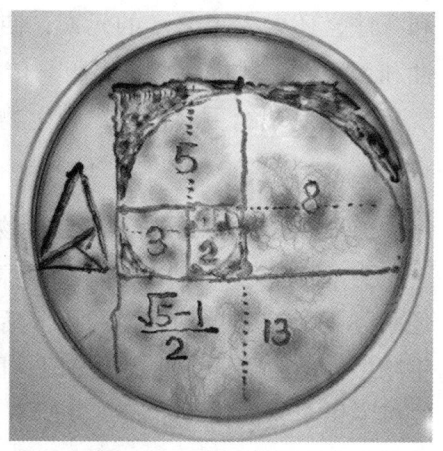

**图 9 微生物的"数列奥秘"**
（作者：黄雨衡）

**（三）跨越界限的传播：慕课与书籍让生物学魅力四射**

作为一门兼具科普性与实践性的课程，"生物标本制作与艺术"不仅关注课堂教学，还通过多种形式的活动展示了生物学的魅力，扩大了课程的影响力。

**1. 慕课平台：让知识触手可及。**为了方便更多学生更直观地了解和学习生物标本的制作过程，华文慕课平台上线了"生物标本制作与艺术"慕课。该慕课精心设计了 7 大模块，包含 42 个理论讲解或操作示范视频，内容覆盖从生物标本制作的基本原理到实际操作技巧。慕课制作过程中，特别注重科学性和艺术性的结合，将复杂的生物实验简单化、生活化，使学生在宿舍、家中或其他任何场所都能轻松制作出美丽的生物标本。通过慕课平台，课程的影响力不断扩大，吸引了大量非生物科学类专业学生关注和参与，让生物学知识跨越了专业的界限，走进了更多人的生活。

**2. 教材出版：知识的系统化传承。**《生物标本制作与艺术》教材自 2021 年由北京大学出版社出版以来，以其独特的视角和实用性受到了广泛的关注和好评。该书的编写汇聚了课程团队多年来的教学经验与积累，旨在为生物科学类专业学生及生物爱好者提供一本兼具科学性与艺术性的学习参考书。教材不仅介绍了生物标本制作的基本技术和方法，还融入了艺术的元素，使得生物标本的制作过程充满了趣味性和创造性。通过教材的出版与传播，本课程的知识体系得以系统化、规范化地呈现给更多读者，为生物学的普及和美育的推广做出了重要贡献。

**（四）从课堂到展览：传递生物学魅力**

为了将生物学的知识以更加直观、有趣的方式传递给公众，本课程还举办了一系列生动有趣的科普活动。2021年5月，课程团队举办了生物多样性主题展。此次展览以"国际生物多样性日"为契机，依托生物标本馆丰富的馆藏资源，设计了5个板块的展示内容，其中包括本课程学生亲手制作的标本。展览兼顾展示性和互动性，吸引了众多师生参与，使他们近距离感受到了生物多样性的魅力。

同年11月，课程团队参加了北京大学"挑战杯"学术文化月科创学术成果展。在展览中，我们展示了蓝晒作品以及学生在王朗大熊猫保护区的实习作品。其中，蓝晒和现场动手制作植物切片、花卉拓印等环节，深受观众喜爱。现场气氛热烈，反响良好，团队最终荣获学术文化月科创学术成果展第一名。

2022年10月，课程团队与北京大学图书馆联合举办了大美课堂"生物之美——方寸之间的大千世界"活动。课程的主讲人辛广伟和孟世勇进行了两场精彩的演讲，向观众展示了生物标本制作的艺术魅力。此次活动通过各大新媒体平台进行直播，吸引了8万多人在线观看，进一步扩大了生物标本制作与艺术的影响力。

开课8年来，许多学生通过朋友圈、微信公众号等社交平台分享感想，自发宣传课程。生物标本馆办公室成为学生课下自发讨论、创作的"乐园"，生物标本馆也收获了一批忠实的"粉丝"。例如，在2024年秋季学期结课后，来自环境科学与工程学院的学生杜悦，在"北京大学生物标本馆"公众号发表了文章《在科学与艺术的碰撞中，探寻别样的风景》，分享了自己的上课感悟（图10）。未来，课程团队将继续深化课程内容与教学方法的改革与创新，努力将更多的生物学知识以更加丰富多彩的形式呈现给公众，期待更多的师生和公众加入生物标本制作与艺术的行列，共同探索生物学的奥秘与美丽。

**图 10 公众号文章截图**

（作者：杜悦）

综上，"生物标本制作与艺术"课程通过巧妙融合生物学与艺术创作，不仅让学生掌握了生物学知识，发现了科学解读的新视角，还使学生在美的熏陶和提升中实现了自我成长和全面发展。这种创新的美育模式为培养具有科学素养和艺术创造力的新时代人才提供了有力支撑。

## 五、总结与思考

随着教育改革的持续深入，德智体美劳全面发展的教育理念已经深入人心。目前，对非生物科学类专业学生而言，很少有能够使其轻松了解生物学知识、参与实验且充满乐趣的课程。而"生物标本制作与艺术"正是这样一门课程，它打破了传统标本制作课程仅涵盖植物和动物标本制作的局限，创新性地融入了微生物艺术绘图、晶体（微世界）微观探索、动植物拓印以及压花艺术等元素，极大地丰富了标本的内涵，使其更具趣味性和艺术性。作为高校美育课程的重要组成部分，"生物标本制作与艺术"不仅为学生提供了一个亲近自然、感受生命之美的平台，更在培养学生的审美能力、创新精神和人文素养方面发挥了重要作用。本课程的特色主要体现在以下几个方面。

首先，学科交融激发学生的创作灵感。作为全校通选课程，本课程吸引了来自全校十几个院系的学生，将生物、艺术、历史、文化等多学科知识有机融合。学生在制作生物标本的过程中，能够感受到多学科知识的碰撞与交融，从而拓宽了视野，这为作品创作带来了源源不断的灵感。

其次，启发式教学与实践操作相得益彰。本课程采用"1小时理论讲解+3小时动手实践"的教学模式，使理论与实践形成育人合力。在理论学习中，教师采用启发式教学方法，鼓励学生主动思考、积极探索，从而培养学生的自主学习能力。在实践操作中，学生感受了美的创造，有效提高了动手能力和创新能力。

再次，本课程强调学生的情感体验。课程通过引导学生关注自然、关注生活，使学生从中挖掘美的元素，并将个人情感融入作品创作中。学生在创作过程中不仅锻炼了技能，更实现了情感与美的融合，使作品更具生命力和感染力。

最后，在评价方式上，本课程采取多元化策略。除了关注作品的最终成果外，还注重学生在创作过程中的表现以及作品的创意和内涵。这种评价方式能够全面、客观地评价学生的动手能力和审美能力，激发学生的创作热情。

展望未来，本课程还有诸多改进空间。首先，可以扩展实验室空间，以满足更多学生的选课需求，为学生提供充足的实践机会和良好的实践环境。其次，可以定期举办学生作品展览和艺术活动，营造浓厚的艺术氛围，激发学生的创作兴趣和热情。

# 融天方之文，固华夏之魂
## ——北京大学阿拉伯文书法课程

付志明　刘启铖

（外国语学院）

## 一、课程概况

书法艺术作为中华文明与阿拉伯文明在艺术审美、文化精神等方面的重要交汇点，是"讲好中国故事"、发扬民族精神的关键载体。以更好地培养学生审美情操、推动文明交流互鉴为出发点，秉持"融天方之文，固华夏之魂"的使命，北京大学外国语学院阿拉伯语系（以下简称阿拉伯语系）近年来着力推进阿拉伯文书法课程体系建设，成为全国高校范围内探索阿拉伯文书法课程实践的先行者。课程由北京大学外国语学院付志明教授与阿拉伯语系叙利亚籍专家哈穆德·尤努斯教授共同开设。

将思政元素巧妙融入美育是本课程的一大特色。课程将中华优秀传统文化、时代精神内核、习近平总书记重要讲话金句等思政内容写进书法教材并融入课堂教学，使学生在书法学习过程中"浸润式"地感悟时代精神、坚定理想信念，成为思政进课堂、融思政于美育的典范。

多措并举丰富美育形式是本课程的另一大特色。在课程建设过程中，阿拉伯语系不拘一格，锐意创新，在以课堂教学为基础的同时突破课堂界限，成功举办高规格书法比赛、讲座、展览，打造阿拉伯文书法学习研究的沃土，显著增强美育教学的实践性与感染力。

本课程在教学内容、美育形式、价值传播等方面实现了系统性创新突破，开课至今取得丰硕成果：已出版教材一部，多名学生在阿拉伯文书法大赛中获奖，等等。本课程以书法为媒介将中国智慧、中国声音传向世界，为学校开展美育改革创新树立了典范。

## 二、课程设计理念

书法教育是文化传承和发扬的重要承担者,也是达成以美育人目的的重要途径。[①] 在阿拉伯文书法课程建设实践中,阿拉伯语系坚持从美育的基本原理出发,落实立德树人、因材施教的基本理念,积极探索美育改革新路径。

**(一)课程整体设计思路**

**1. 统筹美育教学的多重内涵。** 美育是一个综合概念,既涵盖艺术知识传授与审美能力培养,更指向美的创造和人格美的塑造,因此应该以整体全面的眼光看待美育。立足这一理念,阿拉伯语系深入挖掘阿拉伯文书法的多重内涵,统筹兼顾阿拉伯文书法教育中的不同要素,促进学生的全面发展。课程教学实现了以下五个方面的有机统一:

(1)理论知识传授,包括阿拉伯文书法的起源、发展、不同字体特点等;

(2)基本功练习,从字母、单词到句段,循序渐进;

(3)佳作鉴赏,带领学生欣赏古今阿拉伯文书法名作,提升审美素养(图1);

(4)自主创作,学生根据兴趣自行选择题材进行书法作品创作,教师提供指导;

(5)文化感悟,以讨论交流的形式发掘阿拉伯文书法背后的文化精髓,推动文明互鉴。

**图1 阿拉伯文书法课堂**

---

① 吴慧平. 书法美育的内涵论略[J]. 美育研究,2023,(01):87—95.

2. **实施精准美育,践行个性化培养。**美育重在精准,需为每位学生提供有针对性的指导,以充分发掘学生独特的审美潜能。在阿拉伯文书法课程的设计与实践过程中,授课教师坚持因材施教,旨在让每位学生的个性特点都能在书法实践中得到充分展现。在基础教学环节,教师进行一对一练习指导,并针对每位学生的习作给出个性化改进建议;在作品创作环节,教师为每位学生在题材选择、作品布局、结构设计等方面提供专业建议。

3. **突破课堂界限,打造多元平台。**在阿拉伯文书法的美育实践中,阿拉伯语系一方面重视课堂教学的基础性作用,另一方面积极开拓课外空间,为学生提供"实践—展示—交流"立体化平台,让美育超越课堂、真正融入学生的日常生活之中。为此,阿拉伯语系成功主办五届中国高校阿拉伯文书法大赛,邀请知名阿拉伯文书法家为学生开设讲座(图2),依托阿卜杜勒·阿齐兹国王公共图书馆北京大学分馆举办"东方智慧——中沙书法文化交流展"(图3),多措并举推进美育创新,并取得显著成效。

图2 阿拉伯文书法名家讲座

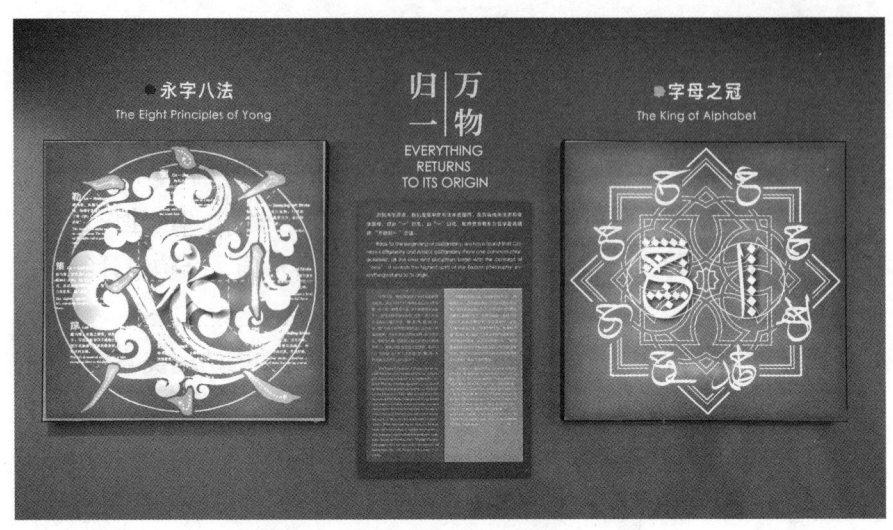

**图 3 东方智慧——中沙书法文化交流展**

**4. 实现思政与美育的有机统一。** 如何让思政元素进入美育课堂是近年来高校美育改革创新的重要课题。在阿拉伯文书法课程建设过程中,阿拉伯语系始终致力于推动思政进课堂,以阿拉伯文书法这一新颖形式承载中华优秀传统文化、社会主义核心价值观的精神内核,实现思政与美育的创新融合。课程所选用的临摹素材大多为"千里之行,始于足下"等中华传统名言警句,以及"广大青年要励志,立鸿鹄志,做奋斗者"等习近平总书记重要讲话金句的标准阿拉伯文译文,书法大赛中所选用的题材也主要源自中华传统经典文本,确保思政元素贯穿课程教学全环节。

### (二)课程育人目标

阿拉伯文书法课程建设强调"立德树人"的价值本位,在美育中注重理论与实践的结合,以及知识技能传授与人格品质培养的统一。

**1. 掌握基本理论与创作方法。** 汉字书法艺术和阿拉伯文书法艺术是世界书法大花园中两朵最为惊艳的奇葩,与汉字书法类似,阿拉伯文书法也是文化传承、文明进步的重要载体。习近平总书记指出:"文明因交流而多彩,文明因互鉴而丰富。"开展阿拉伯文书法教育有助于培养平等、互鉴、对话、包容的文明观,是新时代推进美育创新的重要举措。扎实的理论知识和创作基本功是涵养审美情操的重要根基，课程强调书法基础技能的反复训练，通过大量临摹锤炼学生的"真本领"。

**2. 培养审美旨趣**。阿拉伯文的书写方式具有极大的自由度，可以表现出点、线条甚至形态各异的各种纹样，因而天然地具有艺术性与审美性。阿拉伯文书法艺术是线条美、韵律美、和谐美的结合体，承载着阿拉伯文化的丰富内涵，对人类文明的发展进步产生了深远影响。① 课程在教授理论知识与书写技巧的基础上，带领学生欣赏阿拉伯文书法名篇名作，对鉴赏方法与技巧进行点拨，在此过程中陶冶学生的审美情操，涵养健全人格。

**3. 提升跨文化交际能力**。跨文化交际能力是新时代国际化创新人才培养目标的重要组成部分，"讲好中国故事"也是新时代有为青年的使命责任。课程通过异域艺术与中国元素的深度融合，为学生在国际舞台传播中国声音奠定了深厚基础。许多完成本课程的学生在前往阿拉伯国家深造或工作时，运用学到的阿拉伯文书法知识创作富有中国特色的艺术作品，以阿拉伯人民喜闻乐见的形式弘扬中华文化，有力推动了中国与阿拉伯国家的文明互鉴。

### （三）美育创新路径

立足课程的整体设计理念，以学生全面发展为导向，阿拉伯语系在阿拉伯文书法课程建设实践中探索出了一条卓有成效的美育创新路径。

**1. 内容体系设计**。课程形成了"以课堂教学为基础，以名家讲座、系列展览、全国大赛为平台"的综合培养体系，打造全国高校阿拉伯文书法艺术"教学—研究—创作"的高地，多维度推进美育改革创新。同时，阿拉伯语系不断推动课程建设产出丰硕成果，借助阿拉伯文书法艺术为传播中国声音做出贡献。

**2. 特色教学资源**。阿拉伯语系充分利用优质资源与平台，提升课程在学界与社会的影响力。阿拉伯语系依托阿卜杜勒·阿齐兹国王公共图书馆北京大学分馆举办的书法专题展览，邀请国内外知名阿拉伯文书法家为学生开设讲座，与全国高校阿拉伯语教学研究会共同主办中国高校阿拉伯文书法大赛，形成具有品牌效应的教学实践体系。

---

① 刘德贵. 阿拉伯文字与书法美学特征[J]. 阿拉伯世界，1996，（02）：57—59.

**3. 教学评价策略**。课程注重书法审美要求与学生个性表达的结合，着力培养学生的审美旨趣与创新能力。课程评价体系在重视学生书法基本功的同时，鼓励学生大胆创新，选择新题材、设计新形式、展现新特色，支持创作融合古今元素、贯通中阿书脉的优秀作品，促进学生创造力与想象力的提升。

## 三、典型教学案例

本课程教学实践中涌现出了多个具有示范意义的教学案例，本节将深入阐述其中的两个典型案例，展示阿拉伯文书法课程建设的创新实效。

### （一）融思政元素于课程实践

课程建设之初，阿拉伯语系便确定"思政引领"的总体方针，将思政元素贯穿课堂始终。课程采用中华优秀传统文化的精华内容以及习近平总书记的重要讲话金句作为临摹素材，外籍专家授课时（图4）也以阿拉伯传统名谚中与中国有关的内容（如"求知，哪怕远在中国"，图5）作为核心教学内容，在推进书法教学的同时培养学生的道路自信、理论自信、制度自信、文化自信，真正落实"思政进课堂"的要求。

**图4 叙利亚籍专家哈穆德教授授课场景**

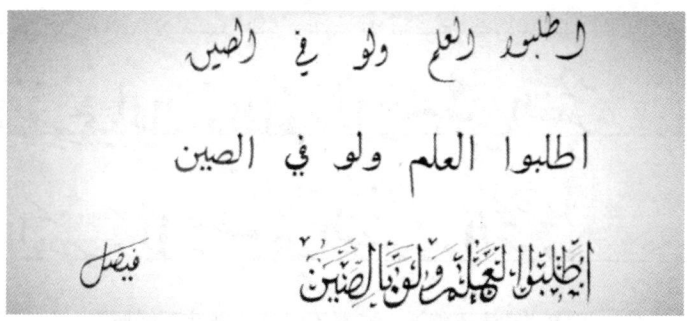

图 5 学生习作，译文："求知，哪怕远在中国"

经过多轮教学实践，由付志明教授与哈穆德教授共同编著的《简明阿拉伯语书法教程》于 2022 年正式出版（图 6）。该书全面总结了北京大学阿拉伯语系阿拉伯文书法课程建设的思路与经验，是国内高校首部阿拉伯文书法系统教程，具有里程碑式的意义。融思政于教材是本课程的鲜明特征，本课程选用的临摹范句多取自体现思政教育要求的文本，主要包括以下三类。

图 6 付志明教授与哈穆德教授编著的《简明阿拉伯语书法教程》书影

1. 落实立德树人根本任务的汉语名言警句。例如"河海不择细流，故能就其深""先天下之忧而忧，后天下之乐而乐""富贵不能淫，贫贱不能移，威武不能屈"等（图 7—9）。

النهر والبحر عميقان لأنهما يجمعان مياه كل الغدران

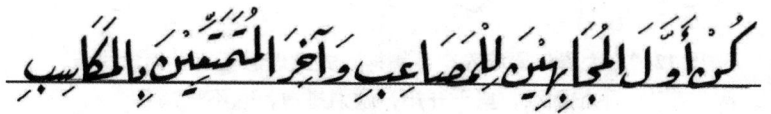

图 7 "河海不择细流，故能就其深"

كن أول المجابهين للمصاعب وآخر المتمتعين بالمكاسب

图 8 "先天下之忧而忧，后天下之乐而乐"

لا يُغريني المالُ والجاهُ، ولا يُضعِفُني الفقرُ والقهرُ، ولا يُخضِعُني النفوذُ والقوةُ

لَا يُغْرِينِي الْمَالُ وَالْجَاهُ وَلَا يُضْعِفُنِي الْفَقْرُ

وَالْقَهْرُ وَلَا يُخْضِعُنِي النُّفُوذُ وَالْقُوَّةُ

图9 "富贵不能淫，贫贱不能移，威武不能屈"

2. 习近平总书记关于青年的重要论述。例如"广大青年要爱国，忠于祖国，忠于人民""广大青年要励志，立鸿鹄志，做奋斗者""广大青年要培养奋斗精神，做到理想坚定，信念执着，不怕困难，勇于开拓，顽强拼搏，永不气馁"等（图10—12）。

وَلَاءُ الشبابِ للوطنِ والشعبِ أولاً وآخراً

وَلَاءُ الشَّبَابِ لِلْوَطَنِ وَالشَّعْبِ أَوَّلًا وَآخِرًا

图10 "广大青年要爱国，忠于祖国，忠于人民"

ينبغي على الشبابِ شَحْذُ الهممِ والتَّحَلِّي بالروح النضالية

يَنْبَغِي عَلَى الشَّبَابِ شَحْذُ الهِمَمِ وَالتَّحَلِّي بِالرُّوحِ النِّضَالِيَّةِ

图11 "广大青年要励志，立鸿鹄志，做奋斗者"

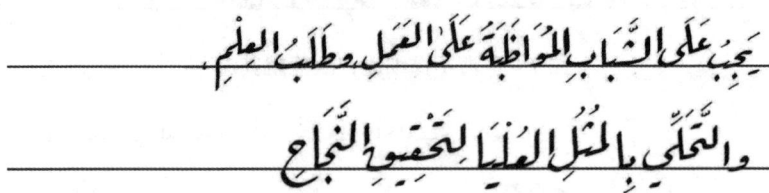

يجبُ على الشباب المواظبةُ على العمل، وطلبُ العلم، والتَّحَلِّي بالمُثُلِ العُليا لتحقيق النجاح

图12 "广大青年要培养奋斗精神，做到理想坚定，信念执着，不怕困难，勇于开拓，顽强拼搏，永不气馁"

**3. 习近平总书记关于中国特色大国外交的重要论述。** 例如"协和万邦""中国坚定不移推进高水平对外开放""中国愿同国际合作伙伴共建'一带一路'"等（图 13—15）。

تُؤمِنُ الصينُ بحقِّ الأُمَمِ في العَيْشِ بِسلامٍ

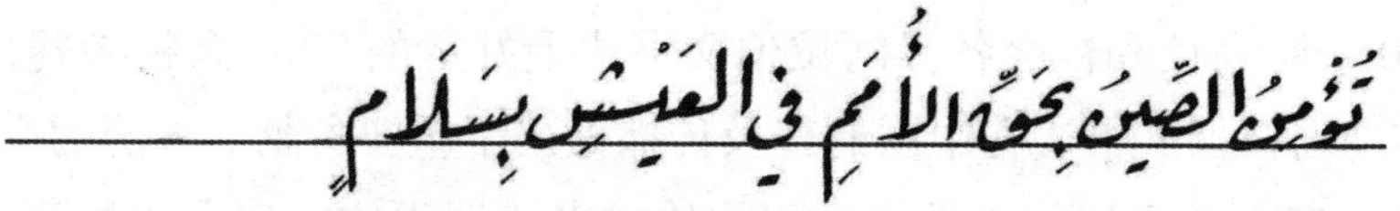

图 13 "协和万邦"

انفتاحُ الصينِ على الآخرينَ سيزدادُ أكثرَ في المستقبلِ

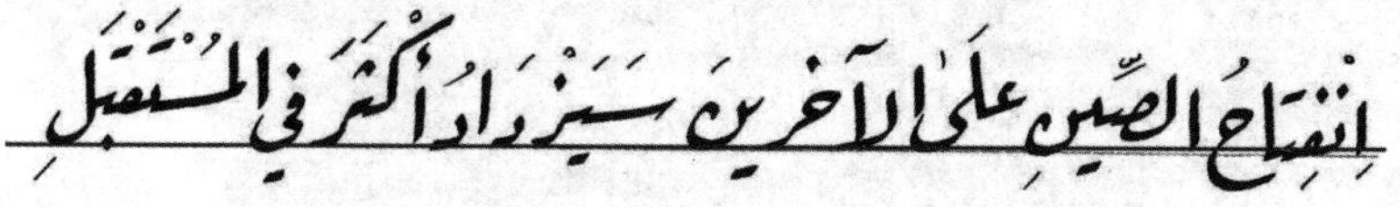

图 14 "中国坚定不移推进高水平对外开放"

تَرْغَبُ الصينُ في شَراكةٍ دوليّةٍ لإنجازِ مُبادَرَةِ الحزامِ والطريقِ

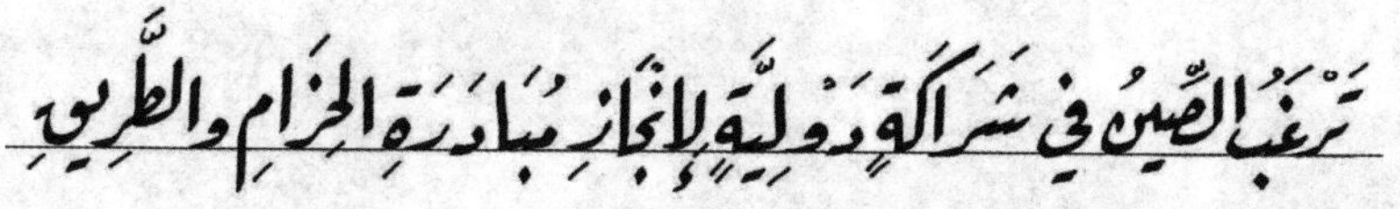

图 15 "中国愿同国际合作伙伴共建'一带一路'"

此外，本课程的另一大创新点是首次提出了"中国式阿拉伯语书法体"术语概念，将长期流传于中国民间的传统阿拉伯文书法字体理论进行系统性总结。"中国式阿拉伯语书法体"融合了中国传统书法和阿拉伯特有文字书写的特点和两种文化的精髓，将阿拉伯文独特风格与汉语书法风格完美结合，展现了不同文明交流互鉴的精神图景。①

总体而言，阿拉伯语系阿拉伯文书法课程将思政内涵与美育主题深度融合，学生在课堂上不仅能学到书法知识，更能在此过程中感悟初心使命、坚定理想信念。本课程为新时代融思政于美育课程建设树立了典范。

---

① 哈穆德，付志明. 简明阿拉伯语书法教程[M]. 北京：北京大学出版社，2022：3.

## （二）举办中国高校阿拉伯文书法大赛

为搭建阿拉伯文书法学习交流的全国性平台，北京大学阿拉伯语系自2019年起与全国高校阿拉伯语教学研究会共同主办中国高校阿拉伯文书法大赛（图16）。该赛事迄今已成功举办5届，得到了来自全国各高校阿拉伯语专业师生和阿拉伯文书法爱好者的积极响应，累计收到全国40余所高校和社会各界阿拉伯文书法爱好者的2000余幅参赛作品，为推动阿拉伯文书法在中国的普及传播做出了重要贡献。大赛的举办体现了北京大学阿拉伯语系推动阿拉伯文书法课程体系建设的显著成效，是学校美育改革创新走向全国的典型案例。

图16 "2019年中国高校阿拉伯文书法大赛"颁奖仪式现场

在题材方面，大赛以阿拉伯文诗歌、名言以及中华传统经典文本为创作内容，既深化了阿拉伯语专业学生对阿拉伯文化的理解，又以阿拉伯文书法的形式弘扬了中华优秀传统文化。大赛以书写正确、字体规范、布局清晰、画面整洁、设计美观为评审标准对参赛作品进行打分，既突出对参赛人员书法基本功的重视，又鼓励其在作品美学效果上进行个性表达，体现了美育中"守正创新"的原则（图17，图18）。多名修习阿拉伯文书法课程的北大学生在赛事中荣获佳绩，这表明本课程体系建设取得了卓越成效。

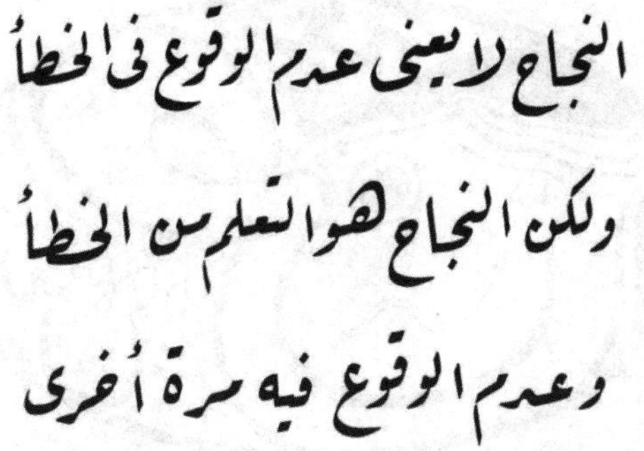

النجاح لا يعني عدم الوقوع في الخطأ
ولكن النجاح هو التعلم من الخطأ
وعدم الوقوع فيه مرة أُخرى

图 17 获奖作品一（译文：成功不意味着不犯错误，成功是吸取错误的教训，不会再犯同样的错误）

图 18 获奖作品二（译文：眼睛不会忘记的是美丽的外貌，心灵不会忘记的是高尚的品德）

## 四、课程教学成效

本课程以"思政引领、多元创新"为核心理念推动美育改革，迄今已取得一批标志性成果。北京大学秉承美育育人传统，阿拉伯语系毕业生曾将阿拉伯语书写元素融入北京大学文化特色书法作品创作。

图 19 展示的是毕业生设计的以北京大学未名湖翻尾石鱼为素材的阿拉伯文书法作品，核心概念是"北京大学刀德语言[①]"。

---

① "刀德语言"是"阿拉伯语"之意。

**图 19 北京大学阿拉伯语系毕业生书法作品**

阿拉伯语系2020级博士研究生汪柳云完成阿拉伯文书法课程学习后，其书法作品荣获2021年中国高校阿拉伯文书法大赛特等奖。作品内容取材于著名阿拉伯诗人阿比德·本·艾卜赖斯的诗句"身在何处都要尽一份力量，莫说我来自他乡"。作品在整体布局上别出心裁，充分展现出阿拉伯语字母线条灵动飘逸的美感。作品也体现出创作者扎实的书法功底，字母间的连接方式连贯到位，整体匀称而不失动感，似潺潺的流水，又似轻盈的丝绸，给人以柔和欢畅的感受，展现出极高的审美素养（图20）。

**图 20 汪柳云获奖作品**

阿拉伯语系2019级本科生王佩鸣完成阿拉伯文书法课程学习后，其书法作品荣获2022年中国高校阿拉伯文书法大赛一等奖。王佩鸣对阿拉伯文书法怀有极大的热情，课堂内外积极主动地参与书法实践。该生获奖作品内容取材于阿拉伯古代诗人艾布·努瓦斯的诗句"倘若聪明人，考验人间世，必遇一劲敌，身披朋友衣"，整体布局稳重工整。该作品对细节的处理极佳，点与线的大小宽窄恰到好处，既有刚劲的笔锋，又有舒展的脉络，典雅大方、充满生机（图21）。

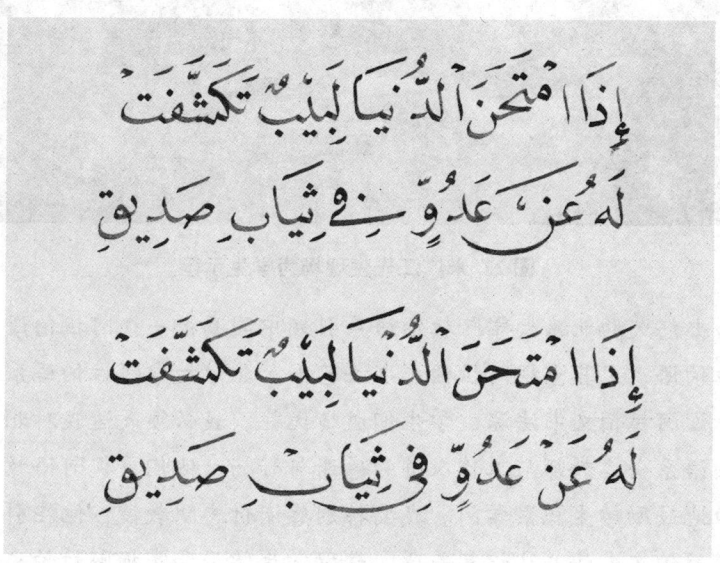

**图21 王佩鸣获奖作品**

阿拉伯文书法课程自开设以来在校内外产生了广泛的积极影响，对调动学生对阿拉伯文书法学习的热情起到了重要作用。以下是书法名家、专家学者以及学生对本课程的评价（图22）。

我四次参与中国高校阿拉伯文书法大赛评审工作，亲眼见证书法大赛的规模越来越大，影响也越来越深。衷心感谢大赛组织方北京大学阿拉伯语系的辛勤努力和付出。北京大学阿拉伯语系是全国高校范围内建设阿拉伯文书法课程体系的开拓者、引领者，为推动中国阿拉伯文书法艺术事业的发展做出了巨大贡献。大赛参赛作品的水平每一届都在不断提升，这充分体现了大赛举办的重要意义，祝愿未来有更多阿拉伯语学习者和书法爱好者参与其中。

—— 中国著名阿拉伯文书法家 米广江

**图 22 米广江先生现场为学生示范**

历史悠久的北京大学阿拉伯语系引领中国高校一众阿拉伯语系，重视阿拉伯语，尤其重视阿拉伯文书法艺术。北京大学阿拉伯语系为系里学生开设阿拉伯文书法课，学生们成绩优异。我必须表达我对北京大学阿拉伯语系全体教师与工作人员的感谢与赞扬，他们重视阿语教学，持之以恒地鼓励学生积累学问。我要特别感谢付志明教授，他在引导学生重视阿拉伯文书法并认识其美感、鼓励学生学习和掌握阿拉伯文书法等方面发挥了极大的作用。

——叙利亚大马士革大学文学院教授 哈穆德·尤努斯

阿拉伯文书法课程通过介绍阿拉伯文书法体，并由外教老师亲自示范指导我们书写阿拉伯谚语和翻译为阿拉伯语的汉语名言，使我们对阿拉伯文书法、阿拉伯文化以及中华优秀传统文化和时政概念都有了更深入的认识。衷心感谢北京大学阿拉伯语系为我们提供如此宝贵的机会，让我们得以在语言学习的同时感受艺术之美、体悟时代精神。

——北京大学阿拉伯语系2023级硕士研究生 李如斐

## 五、总结与思考

经过几年的实践探索，北京大学阿拉伯语系的阿拉伯文书法课程体系建设取得了丰硕成果，对学校美育改革创新起到了重要的推动作用，具有丰富的借鉴意义和应用价值。本课程有以下几个突出的创新点。

**1. 课程内容创新**。阿拉伯文书法无论在内容上还是形式上都是兼具美育与民族精神弘扬功能的良好载体，但在高校美育体系中长期处于缺失状态。作为全国高校范围内探索阿拉伯文书法课程实践的先行者，本案例促进了阿拉伯文书法教学在中国高校生根发芽，开辟了美育建设新路径。

**2. 教学形式创新**。本案例既以传统课堂为开展教学的基础，又不局限于课堂空间，打破常规、大胆创新，多措并举开展美育教学，使课程更为生动活泼，让学生更乐于参与。

**3. 价值传播创新**。本案例在日常教学的过程中融入思政元素、中华优秀传统文化元素，将这些元素以书写题材的形式嵌入课程中，使学生在反复练习、用心创作的过程中潜移默化地获得中华优秀传统文化的熏陶，加深对构建人类命运共同体、合作共建"一带一路"等重要命题的理解，在价值传播机制上实现创新突破。

此外，本课程体系建设也为高校美育改革创新带来了以下几点有益经验。

**1. 将理论与实践紧密结合**。本案例在讲解阿拉伯文书法源流与理论的基础上，通过强化学生的书法练习与实践、引导学生进行书法作品创作，学练结合推进美育改革。有鉴于此，高校美育可以在理论与实践结合方面下功夫，学生既要接受美的熏陶，又要切实掌握艺术技能，实现两者的有机统一。

**2. 多措并举丰富美育形式**。本案例除了课堂教学外，还通过举办书法大赛、书法展览、书法讲座等多种形式拓宽美育维度，实践证明这一做法收效良好。因此，高校美育可以创新教学手段、打破课堂藩篱，课内课外联动开展美育教学，使美融入学生的生活方式之中。

**3. 将思政元素巧妙融入美育**。本案例将时代精神的内核以及习近平总书记的重要讲话金句作为书法创作素材融入课程之中，通过巧妙的方式实现了美育与课堂思政的统一。因此，高校美育可以创新思政形式，尽可能地使思政元素成为教学主题的内核或载体，使思政元素在课堂中得到更为充分的表达。

北京大学阿拉伯语系推动阿拉伯文书法课程体系建设取得了良好成效，获得了广泛的关注和认可，具有突出的创新性和重要的应用价值。未来，北京大学阿拉伯语系将在已有经验的基础上继续推进阿拉伯文书法课程体系改革，为美育改革创新做出新的贡献。

# 浸润式美育新模式:"零基础"的绘画课

徐紫迪

(艺术学院)

## 一、课程概况

进入大学时仍是零基础的同学可以学习绘画吗?这是当前高校尤其是综合性大学在开展美育,尤其是艺术教育时经常面临的问题。为了解答这一问题,北京大学艺术学院教师徐紫迪、柯伟业从艺术实践角度切入,开展了系列教学改革实践,对美育课程进行了系统优化。

北京大学是我国高等美术教育的起点,百余年前,蔡元培校长在北大首开美学课,并发起成立画法研究会。画法研究会曾聘请陈师曾、徐悲鸿、刘海粟来校讲课,设中国画和外国画两部。由此可见,艺术教育在北大的素质教育中曾扮演重要角色,油画和国画两门绘画课曾是北大艺术教育中的重要组成部分。1923年蔡元培辞去校长职务后,北大画法研究会便停止了活动,绘画课也逐渐淡出教学体系。

一百年后,绘画课以"美育新模式"的形式在北大"复课"。2023—2024学年北京大学艺术学院为本科生新开设公选课"油画临摹理论与实践"与"素描:摹习与创作",同时还为元培学院学生开设专业任选课"色彩的审美实践"。这些绘画课程面向零基础学生,将浸润式艺术实践作为教学核心,以临摹中外美术史经典作品为主要教学方式,辅以写生与创作,强调研习、感知与创造的贯通,旨在使学生通过绘画实践来重识经典,进而学会感知美、创造美,从而全面提高艺术修养与审美水平,培养鉴赏力、感受力、想象力与创造力。

## 二、课程设计理念

美育，尤其是艺术教育在人才的培养过程中发挥着十分重要的作用，这已成为高等教育的共识。艺术教育不是美育的全部，但无疑是最重要、最核心的内容与支撑。现今高校的艺术教育课程多半以知识传授和作品鉴赏为主，缺乏深入的体验与实操环节，更少有面向零基础学生开设的实践类课程。

然而，美育、艺术教育不应停留在理论层面，在美育的过程中，动脑与动手应该是并行的。蔡元培在《对于新教育之意见》中指出，"图画，美育也"，即"图画"之学应作为美育的重要手段。[①]因此，我们不应该将美术与美育割裂开来，美育完全可以在美术训练中进行，从而让受教育者由"隔岸远观"变为"身临其境"。

艺术与其他事物最大的区别在于其固有的不可言说性，如果人的思绪、情感都可以用文字、语言表达清楚，就不需要艺术了。只有沉浸感受方能深入理解，若是将艺术描述解释得一清二楚，它便失去了魅力。从这个角度说，绘画是一门独立的语言，正如马蒂斯（H. Matisse）给出的建议：对于想学画画的人来说，首先必须割掉舌头，因为从此只能用画笔来表达。因此，想要完全理解一幅画所传达的美感就不能只依靠文字层面的研究，最好可以站在原作前亲眼感受色彩与笔触。当然，如能动笔临摹一番便会有更深入的体会。

艺术学院为全校学生开设的系列绘画选修课程要求学生从材料技术、形式语言、观念表达等多角度重新认识艺术史中的经典。教师将技法与理念以可实操的形式具体地、面对面地传授给学生，将书本中的艺术作品变为画架上的独立创作作品，在此过程中强调手脑并用、学做合一、理论与实践并行，从而使该课程体现出通识教育中的专业性特点。

## 三、典型教学案例

### （一）道技结合，以艺载道

艺术发展基于技术与技艺，艺术教育离不开对艺术创造过程与特定

---

① 蔡元培. 对于新教育之意见[M]//高平叔. 蔡元培全集：第2卷. 北京：中华书局，1984：136.

技术的研习。"油画临摹理论与实践"课程将认识材料技法的演进与了解美术史的发展相结合,教师在课上为学生讲授颜料的组成与发展史,并现场研磨油画颜料,演示一支管装颜料的"诞生"过程(图1)。在"色彩的审美实践"课堂上,学生在教师指导下动手完成绷画布、做底子、选素材等绘画前期准备工作。在此过程中,学生不仅学习了油画创作的基本逻辑,而且在实践中体验到了人类为追寻美所付出的努力、为创造美所经历的艰辛(图2)。教师通过这些专业技术的演示性传授,面授机宜,将专业知识清晰、生动地展现在非专业的学生面前,每位学生都会经历独一无二的体验过程。如此一来,教学活动潜移默化地实现了提升审美素养、陶冶情操、温润心灵、激发创新创造活力的育人实效。

图1 "油画临摹理论与实践"课上教师为学生演示研磨颜料

图2 "色彩的审美实践"课上学生动手裁剪画布

## （二）追溯本源，研习经典

素描与色彩是造型艺术中的基础，是艺术表达的最基本形式。对于空间、布局、比例、虚实、黑白、明暗等造型基本规律的把握，是学好绘画的必要前提，而这一切都可以在素描与色彩中体现。临摹是学习绘画的最有效方法，因此对于零基础的初学者来说，素描、色彩的临摹可谓训练"审美基本功"的切入口。

在"素描：摹习与创作"课上，学生首先要学习如何将素描纸裱在画板上，并了解常见素描工具（铅笔、炭笔、色粉、墨水）的基本属性。在起稿阶段，学生可采用独特的拓稿方法，将复杂的画面简化为线条与图形构成（图3），从而不囿于"形似"的羁绊而关注纯粹的美感。实践证明，这一方法有助于纾解初学者的心理压力。

**图3 "素描：摹习与创作"课上学生起稿**

在临摹过程中，学生不仅要表达单幅作品的艺术旨趣，还要深入研习艺术家与艺术流派的风格特征，领悟作品在艺术史中的独特价值。当铅笔在纸上摩擦，艺术史中的经典被重新认识：米开朗琪罗、米勒、安格尔、珂勒惠支等大师的画作被"再创造"在眼前时，对艺术史的研读与艺术的熏陶得以结合。

## （三）因材施教，学会创造

艺术教育不是样板化的教育，其多样性与个性的特点恰恰是培养学生创新思维与创造活力的关键。美育的受众群体虽是最广大的学生，但是艺术人才的成长依然具有个体差异性,承认这种差异性才能百花齐放。在"油画临摹理论与实践"课上,学生是学习的主体,这种主体性从临摹的第一步骤——范本的选取——就开始显现出来。在教师的指导下,学生在近千张临摹素材中选取自己感兴趣的大师作品作为范本进行临摹(图4),这些作品涵盖了从早期文艺复兴至现代主义各个流派的经典代表作,学生选范本的过程本身也是重新认识自我的过程。

**图4 "油画临摹理论与实践"课上学生起稿**

在临摹学习的过程中,教师鼓励学生充分发挥主观创造性,临摹原作但不要求与原作一模一样,并鼓励学生选取不同题材,尝试不同材料,体验多种风格,在临摹中感受范本中美的不同体现方式(图5)。在总体写实的原则下,教师根据学生的不同偏好加以引导,从而使不同学生在面对同一个范本时可以临摹出不同的效果。

在教学过程中,教师多采用示范教学法,尊重艺术的多元性,针对绘画过程中遇到的不同问题,在创作范画与改画的过程中,将美育与课程思政融合,将作品背后蕴含的哲理与规律——如何处理局部与整体、矛盾与统一、现实与理想等之间的关系——润物无声地展现在画布之上;充分调动学生的积极性,引导学生自主学习,帮助学生构建个性化艺术表达方式与情绪抒发途径。

在临摹之外的创作实践中,教师鼓励学生从经典中走出来,关注现实生活,从学校、家庭、宿舍、街道等现实场景中寻找与经典作品

图5 "素描:摹习与创作"课上学生使用多种材料进行临摹

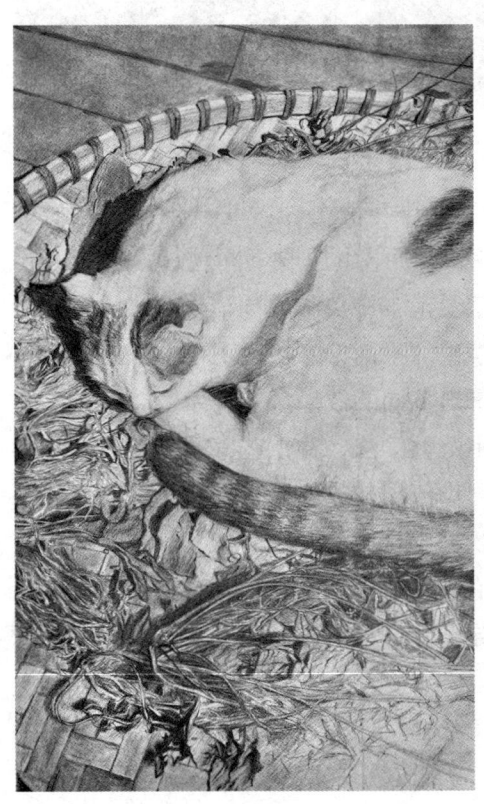

有共性和关联的、感动自己的瞬间与场面,借由已习得的艺术表达方式将其通过素描、色彩的形式呈现出来。由此在历史与现实中寻找美的交集,认识生活与艺术间的关系(图6,图7)。

图6 "素描:摹习与创作"课程作品一
(作者:张宛儿)

图 7 "素描：摹习与创作"课程作品二

（作者：刘延群）

## 四、课程教学成效

### （一）对绘画规律的浸润式感知

在绘画过程中，学生不仅认识并掌握了造型与色彩规律，初步训练了绘画技巧，更在浸润式的艺术体验中获得了切身的审美感知，体悟到技术训练在美育实践中的重要意义。部分学生在技巧训练实践中的感悟如下。

油画独特的材质和绘画技巧，使我在色彩和造型刻画上形成了更立体的认知，这一学习过程也使我得以在艺术史学习的基础上，在实践层面对油画，特别是对印象派油画有了更多维度的认识（图8）。

——艺术学院2019级本科生胡博铖

老师总是鼓励我们勇敢地尝试不同的创作方法和风格，使我们的临摹艺术作品在保持原作神韵的基础上更具个性和创意。在课程中，我尝试着模仿大师们的技法，用短小的笔触和明亮的色彩描绘出闪烁的光线、流动的空气。这种方式让我领略到了画面中充满生机的美感。这门油画课程让我对印象派艺术有了更深入的了解，在自由愉快的练习中提高了绘画技巧与审美能力（图9）。

——基础医学院2021级本科生黄梓敬

**图 8 "油画临摹理论与实践"课程作品一**
（作者：胡博铖）

**图 9 "油画临摹理论与实践"课程作品二**
（作者：黄梓敬）

### （二）以另一种方式认识世界

在绘画过程中，学生开阔了眼界，并且以一种全新的视角认识世界。学生通过构图理解了空间秩序，借助色彩感知到情感温度，在线条流动中把握住万物韵律；不仅获得了技法的提升，更拓展了认知世界的全新维度，相关感悟如下。

绘制油画的前期物质准备工作极其繁琐，即便在美术行业工业化程度很高的今天，绷画布、调颜料、上底子等流程也非常复杂，而且一不留神就会十分狼狈，弄得浑身颜料。这让我意识到，在绘画变得容易上手以前，人类会为了追求美丽而做出种种艰难的努力与尝试，如四处寻觅稀有的青金石，以研磨调配出清澈的天色。这何等不符合工具理性，因此又何等鲜明地彰显着人之为人的独特性。

——中国语言文学系2019级本科生杨子巍

在这里我能够放下对现实的烦躁和对未来的焦虑，我想我在画中找到了生活的另一种答案。

——外国语学院2019级本科生邱恬萌

每周五下午，在均斋的油画课上感受细腻的笔触、光影和色彩表达，是我最惬意的时光。这门课程让我能在忙碌的学习中静下心来感悟生活。每周课程结束后走出均斋，再绕过未名湖，我都能再度发现不同的悦目景致（图10）。

——信息管理系2019级本科生唐陆禛

学习油画让我发现了一种全新的认识世界、记录所见的方式。

——元培学院2019级本科生程雯琪

图10 "油画临摹理论与实践"课程作品三
（作者：唐陆禛）

## （三）综合素养的提升与艺术兴趣的开发

绘画是情操教育和心灵教育的重要方式，在落实立德树人根本任务方面发挥了重要作用。艺术表达成为情绪抒发的重要途径，审美体验成为对抗功利主义的核心法宝，创作过程成为培养耐力、专注力与抗挫能力的有效方式。学生在品德涵养、心灵成长、价值观塑造等多个维度获得了切实提升，相关感悟如下。

看似感性的艺术，实则充满理性的考量。不能纠结于细节，而要注重整体，否则画面往往会有失和谐。正如老师所说："要时不时站远一些，眯起眼睛感受画面。"做人做事也应如是，这是我在学油画过程中最大的感悟。

——经济学院2019级本科生赖端仪

油画课对我来说不仅仅是一门课程，它更像是一处桃花源，使人在奔波于庸常的现实之余得以短暂地出逃，全身心地扎入一个唯有色彩与安宁的精神原乡。正如老师所说："绘画就是去打碎，去重构。"这门课不仅在画框之内，更在为人之处予我深切的启迪（图11）。

——信息科学技术学院2021级本科生张灵馨

图11 "油画临摹理论与实践"课程作品四
（作者：张灵馨）

培养兴趣与好奇心是教育的重要目标，绘画课以其独有的艺术实践形式有效地调动了学习者的兴趣。正如北京大学艺术学院彭锋教授所说："如果经过一个学期每周三小时的训练就可以画出这样的画来，我想很多人都会愿意尝试，包括我自己在内。当然，对于有些不愿意尝试的人来说，就算安排更多的课时、给更多的学分、施加更大的压力，恐怕也不会有更好的效果。这让我想起李渔关于'态度'的议论：'学则可学，教则不能。'李渔说的'态度'与现代汉语中的'态度'有所不同，大致讲的是仪态给人的美感。美和艺术，都属于可学而不可教的领域。徐紫迪老师的绘画课之所以能取得成功，一个重要原因在于他开发了同学们自主学习的兴趣。"

### （四）校园美育环境的提升

绘画课以作业汇报展览的形式结课。以2023年春季学期的"油画临摹理论与实践"为例，该课程以展览形式结课，于北京大学第二教学楼四层举办主题为"色彩的格调"的课程汇报展，展览共展出师生40余件作品，将教学空间变成博物馆式的审美空间，为每位学生提供了交流展示的机会和平台，使更多人获得了直面作品、感知艺术的机会，实现了课程、展览、美育的有机融合。课程以美育浸润校园，助力打造昂扬向上、文明高雅、充满活力的校园文化，构建时时、处处、人人参与的美育育人环境（图12，图13）。

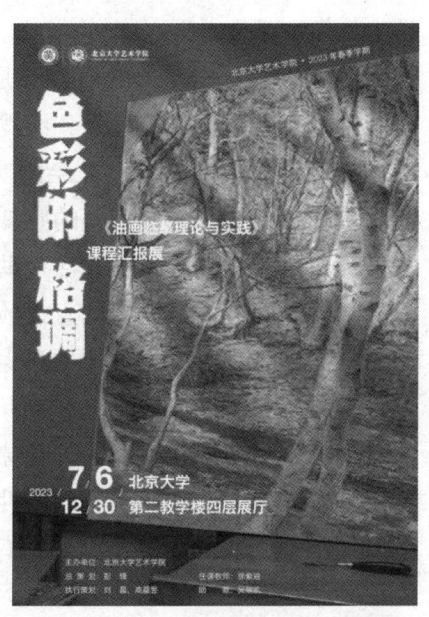

图12 "'油画临摹理论与实践'课程汇报展"海报

图13 "'油画临摹理论与实践'课程汇报展"现场

## 五、总结与思考

在北大开设绘画实践课程，迫使我们重新审视绘画艺术在新时代众多学科的包围下存在的价值和意义，以及绘画在美育过程中不可替代的作用。对此我们需要思考：什么是绘画？临摹有什么价值？艺术的素质教育与艺术的专业教育不同，零基础的学生怎样"打基础"？非专业的学生如何"学专业"？

绘画是"不出声"的语言，是"没有字"的文字。从这个角度讲，绘画课本身就蕴含着美育中"润物无声"的特点。绘画的魅力在于独特的视觉性与材料属性，而在绘画实践课中，重要的并非技术上的训练，而是从画布上与纸面上获得的感知。我们的任务并非将所有人训练成艺术家，而是借助艺术的多元性帮助学习者认识自身独一无二的价值。

绘画是一个人洞察力的直接体现，它可以锻炼我们分清主次、处理矛盾的能力，促使我们对事物的某些方面"视而不见"，而对另外一些方面"明察秋毫"。经过艺术与审美训练的人会用艺术的方式去思考生活、理解生活，寻找生活中的趣味，积极地面对人生。绘画不仅可以锻炼手脑协调能力，它非功利的属性也能让人沉浸于安心的状态。

绘画不仅使我们安心也让我们开眼。当放下画笔，走出教室，我们能深切感受到——莫奈的树叶沙沙，毕沙罗的石路坑洼，塞尚的湖面荡漾，梵高的星星满堂。这就是艺术的"反哺"与"治愈"功能，绘画给我们提供了一种全新的视角，来重新看待眼前的世界，看见美好，通向幸福。如果没有动手实践和艺术体验，自然无法真切地获得这些幸福感。

从艺术发展的角度看，一方面，我们需要能创造杰作的艺术家，另一方面，更需要能看懂杰作的"眼睛"。历史已经证明，一个民族的崛起常常伴随着艺术的繁荣，而艺术的繁荣必然以大众审美水平的整体提升为前提。在此意义上，美育的过程应该也是培养慧眼的过程，在这个过程中，北大责无旁贷，绘画课责无旁贷。

# "声乐演唱与表演"
## ——综合性大学声乐教育的实践与创新

李 鸿　　　　　　龙 媛
（歌剧研究院）（前沿交叉学科研究院）

## 一、课程概况

  学校美育是培根铸魂的工作，旨在提高学生的审美和人文素养。全面推进美育教学实践，是高等教育当前和今后一个时期的重要任务。针对综合性大学学生声乐基础参差不齐的教学难点、教学方式趋于陈旧的堵点，以及艺术课堂人才培养和校园文化建设脱钩的痛点，北京大学歌剧研究院自2012年起面向全校本科生开设"声乐演唱与表演"课程，由李鸿、龙媛主讲。本课程采取小班授课模式，根据学生声乐基础实施差异化教学，有效避免了大班教学中由学生水平差异导致的学生无法跟上课程进度或觉得课程过于简单等问题。课程内容坚持理论与实践相结合，在传授声乐技法的同时，引导学生感悟作品的艺术魅力，实现以情感人、以美育人的教学目标。

  在国家美育方针的指引下，根据北京大学的学生特点与文化特色，授课教师从授课模式、教学内容、课堂互动等方面积极探索，推进声乐教育改革。本课程开设14年来深受学生喜爱，并荣获第一届北京高校教师教学创新大赛一等奖等多项荣誉。

## 二、课程设计理念

### （一）教学重难点

  1.**零基础学生占比高**。本课程是一门面向北京大学全体本科生的通选课，学生声乐基础差异大，绝大多数没有接触过声乐专业知识。如何让学生从零基础开始，学会用气息演唱，掌握正确的发声方法，并具备一定的表演技能，是本课程亟待解决的问题。

**2. 理论实践协同提升**。让学生掌握一定的声乐基础知识与技能是课程目标之一，其中如何平衡声乐理论和实践的比重，如何提高学生的声乐表达和创作能力，从而实现理论认知与实践能力的同步发展，是本课程的教学重点。

**3. 人文美育深度融合**。课程注重强化人文素养和美学教育，旨在提升学生的美育综合能力，例如通过拓宽学生的声乐视野和知识面，增强学生的声乐鉴赏和评价能力。

（二）遵循原则

**1. 价值引领**。通过声乐的学习和实践，弘扬社会主义核心价值观，传承中国民族歌剧文化，坚定文化自信，促进中外文明交流互鉴。

**2. 分层教学**。采用小班化教学模式，开展发声、呼吸、声乐作品演唱、歌剧咏叹调演唱与分析等训练，根据学生不同声乐水平实施差异化技巧传授与理论指导。

**3. 强实践性**。通过大量声乐作品演唱的练习，引导学生科学、正确地掌握声乐演唱方法和技巧，激发学生对声乐歌曲演唱的学习热情。通过发声练习、演唱的气息、声种分析等方面的训练，让学生掌握歌剧演唱发声的基础要素和技巧，强化表演能力。根据学生的学习程度着重训练歌曲表演能力，以歌剧咏叹调、宣叙调、重唱等不同声乐体裁的片段为主要训练内容，引导学生对歌剧作品分析、语言咬字、表演技巧及音乐风格等进行理论研究，培养学生声乐表演的综合能力。

（三）课程创新设计

**1. 教学方式创新：运动中的发声训练**。科学的发声训练需建立在找准发声位置的基础上。针对传统站立式演唱教学中学生易紧张，从而影响定位正确发声位置的问题，本课程采用"运动中的发声训练"方法来开展教学。通过边走边发声演唱，缓解学生紧张状态，逐步引导学生掌握科学的呼吸方法和发声技巧，使学生意识到气息在使用过程中不应当是固定的、僵化的（图1）。通过气息的控制和运用，使学生学会把情感表达到位，达到"以情运气"的训练目的，为演唱训练打下坚实的基础。学生在动态体验中不仅深化了对呼吸和发声方法的直观理解，更提升了练习的趣味性与参与度。

**图1 运动中的发声训练**

2. **教学内容创新：让美学走进生活，理论与实践相长**。为使学生更精准地掌握歌曲、音乐剧和歌剧选段的导赏、演唱与表演技巧，本课程不仅注重声乐演唱技巧的训练，更注重深度解析作品背景与情节，从而使学生能深入理解音乐剧、歌剧的文化内涵，感受音乐艺术之美，以艺术涵养美好生活。

3. **课堂互动模式创新：以生为本，朋辈互助**。创新"四环节教学法"（目标共设—个体自学—交流切磋—汇报评价），充分调动了学生的学习积极性和主动性。开课伊始，教师与学生一起制定学习目标，引导学生在参与课堂学习的基础上开展个体自学活动，在课堂中交叉安排学生交流切磋的环节，通过汇报演出来展示所学成果，既活跃了课堂学习氛围，也提升了课堂教学效果。

4. **评价方式创新：音乐会式汇报演出**。创新教学评价机制，注重多元评价方式的应用。课程采用过程性评价与实践性评价相结合的方法，通过"三阶段综合考评"——平时表现、课堂总结和期末音乐会汇报演出，全面评估学生对声乐演唱实践表演技巧和相关声乐知识的掌握程度。此评价机制着眼于评价的教育激励与反馈功能，使学生能够了解自己的进步轨迹,进而激发音乐潜能并逐步建立自信,促进学生音乐感知、表现和创造等能力的协同发展。

**5. 宣传模式创新**:**借新媒体之风,扬新课程之帆**。教学成果处处留痕,在开学第一课、第一次曲目展演、期末音乐会等重要节点为每一位学生录制个人演唱视频,展现"上课前—上课后"学生的声乐水平变化和自信昂扬的精神风貌,充分展示课堂教学成果。

## 三、典型教学案例

以一学时的"声乐演唱与表演的难点分析"为例,具体课程安排如下。

### (一)呼吸和发声

**理论教学**:通过3D动画生动展示不同的呼吸方式,让学生对胸式呼吸和腹式呼吸形成直观认识。如图2、图3所示,腹式呼吸以横膈膜下沉带动腹腔纵向扩张,主要通过腹腔的"竖向吸气"实现气息深度控制;胸式呼吸主要依靠胸腔肌肉收缩,使胸腔横向和纵向同时扩张,气息深度较浅。

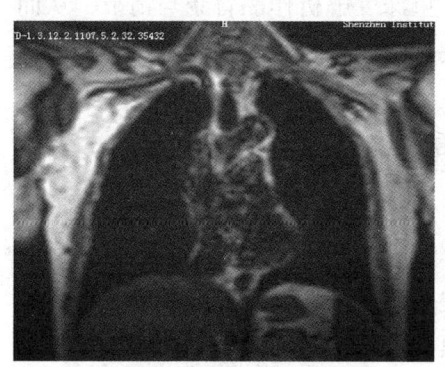
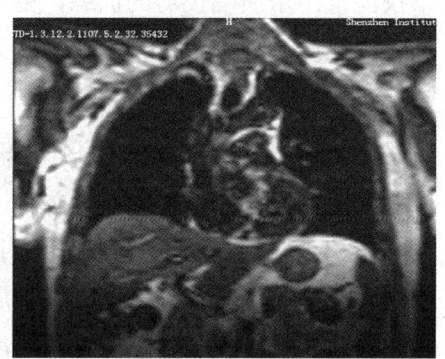

图2 腹式呼吸　　　　　图3 胸式呼吸

**实践练习**:教师指导学生现场练习呼吸,在实践中感受两种呼吸模式的差异以及对歌唱气息的影响,从而了解歌剧演唱中主要使用腹式呼吸的原因。然后通过"运动中的发声训练",让学生初步掌握腹式呼吸的方法(口诀是:"吸气若闻香,呼气如吹尘"),体会到"气沉丹田"的感觉,为声乐演唱打好基础。

## （二）咬字

本部分主要介绍声音的两个主要类别，并带领学生现场练习几个元音和辅音的发音。

**元音**：又称母音，是音素的一种，与辅音相对，指在发音过程中气流通过口腔而不受阻碍发出的音。按舌位高低可分为高、中、低元音。按音节分，可分为单元音和双元音。

**辅音**：又称子音，指气流在口腔或咽头受到阻碍而形成的音。发音时气流从肺部排出，受到发音器官的各种阻碍，声带不一定振动。

教师通过本部分内容的讲解与示范，引导学生了解个人发音特点。学生通过咬字练习，掌握不同元辅音的准确发音，最终达到"字正腔圆"的演唱效果，确保听众能清晰接收歌词信息。

## （三）高音

歌剧演唱中包含大量的高音段落，这些高音通常构成演唱的高潮部分，但要唱好高音并非易事。要正确地唱出高音而不是喊出高音，就需要掌握科学的高音发声技巧。

**音高**：要唱出高音，首先要认识**音高**。通常所说的五音不全，就是这个音的概念。图4所示为常见的7个音，图5展示了以C音为例，每个音对应的不同音高。教师通过引导学生练习演唱不同的音高，使学生对音高形成基础认知。学生经科学的发声训练，可有效拓宽演唱音域，增强对高音区的控制能力。

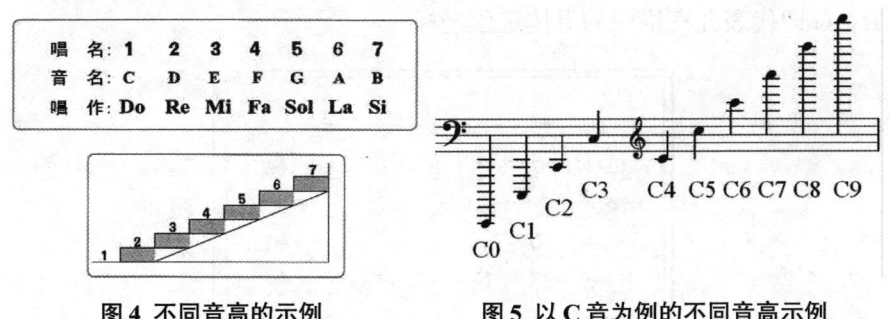

图4 不同音高的示例　　图5 以C音为例的不同音高示例

**高音**：高音段落通常是歌剧表演中最精彩的部分，是获得掌声最多的部分，同时也是最难演唱的部分。高音的发出往往是多个腔体（腹、胸、口、脑）共鸣的结果。在本部分教学中，教师将通过范唱和学生现场练习，重点展示"喊出来"的高音和"唱出来"的高音的区别（如图6所示）。同时，要使学生认识到歌剧表演中唱高音的同时要兼顾表演，表演所使用的某些姿势和动作有时不利于唱高音，这使得歌剧高音演唱的难度增加。

图 6 喊高音和唱高音

（四）舞台调度

本部分教师将首先介绍舞台九宫格的概念——将表演区划分为九宫格，如图7所示，既便于舞台的布置，也有利于导演的精准调度。例如，导演通常会指示"某角色演唱后，从 D 号位退到 G 号位"，这里的 D、G 即代表九宫格中的具体定位坐标。

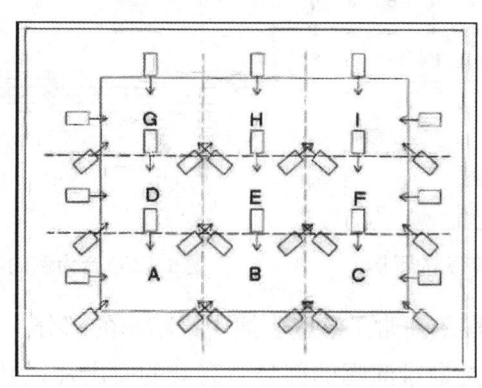

图 7 九宫格示意

接下来教师以歌剧《为你而来·王选之歌》二重唱为例，讲解具体的舞台调度，使学生理解"成功的调度＋成功的演唱＝成功的舞台"的理念。如图8所示，教师通过展示并讲解相关图片和视频，使学生对舞台调度的内容和重要性形成直观认识。另外，通过某些具体的动作，学生可深入理解舞台调度的常见难点：导演通常仅规划调度路线而无姿势要求，这要求演员既需进行自我创作，又要根据同伴的实时站位动态调整走位，培养即兴应变能力。

图8 舞台调度示例

## 四、课程教学成效

**（一）创新声乐课程教学方法，总结教学经验模式，教学改革成果突出**

授课教师根据综合性大学学生的不同声乐基础进行差异化教学，在教改过程中，不断探索"运动中的发声训练"的教学方式创新，"集中训练，针对性指导"的教学模式创新，"让美学走进生活，理论与实践相长"的教学内容创新，以及"以生为本，朋辈互助"的课堂互动模式创新等，让声乐课程焕发生机。课程通过科学有趣的训练学习，使学生了解并掌握声乐作品的表演技巧，提高艺术鉴赏力和表现力。在此基础上，教师总结多年教学经验，形成综合性大学声乐教学创新典型案例，其所提炼的"声乐演唱与表演"一课曾获第一届北京高校教师教学创新大赛一等奖（图9）。

　　学生在课堂中获益良多，对课程给予了高度评价（图10）。一些学生留言表示："'声乐演唱与表演'是一门让人在技巧、情感与思想上都受益颇多的课程。""老师时常教导我们，不能只会唱外国作品，更要学会洋为中用，唱好中国作品，给中国观众听，这才说明本事到家了。""作为一名爱唱歌的孩子，我很感激这门课程，在李鸿老师的言传身教下，我不仅学到了声乐的技巧，还接受了美育的熏陶。"

图9 获奖证书

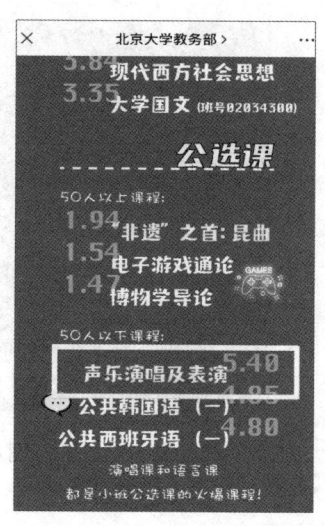

图10 "声乐演唱与表演"课程火爆指数在50人以下课程中排名第一（北大教务部数据）

### （二）逐渐形成教材、数据库等学术成果

　　本课程配套的教材《五线谱视唱基础教程》《青春之歌——北京大学经典合唱曲集》已出版，《声乐演唱与表演（上）》《声乐演唱与表演（下）》等教材即将出版，这推动了课程的体系化建设。同时本课程致力于中国歌剧数据库建设，目前已收集部分中国歌剧演出信息、参与创作表演人员信息及相关海报、新闻报道等资料，尤其是包括《青春之歌》《钱学森》《宋庆龄》等在内的多部中国原创歌剧的较为完整的剧本、乐谱、音视频等资料。该数据库将填补国内歌剧类数据库空白，为学生系统检索经典中国歌剧作品及相关资料提供有力支持。

## （三）注重艺术实践，扩大声乐课程的美育影响力

授课教师积极发掘学生特长，为学生提供了多渠道的演出锻炼机会，使学生能在实践中进一步巩固所学知识。此外，教师鼓励学生积极报名参加合唱等活动，例如建党百年庆祝大会广场合唱、恰是百年风华——北京大学庆祝中国共产党成立100周年未名湖畔党史学习教育、"磨砺青春心向党 生有韧性心有光"5·25全国大学生心理健康日主题夜奔快闪等活动（图11），使学生在演出实践中运用、感悟所学知识，进一步提升声乐学习热情，学以致用。

图11 艺术实践活动现场

## （四）提振学生演唱信心，鼓励学生走向校园内外舞台，为丰富校园文化输送文艺人才

通过本课程的学习，许多学生进一步提振了演唱信心，提高了演唱水平，在教师的鼓励下勇敢走上校园内外舞台，表演红色歌曲，传播青春正能量。修习本课程的学生活跃在校内外各种舞台上，如"赓续红色血脉·昂扬开启新征程"2021校园电影音乐会、"一片丹心献给党"交响清唱剧《江姐》（图12）等，用歌声传递青春正能量，使课程思政育人效果辐射到更广泛的青年群体。

图12 本课程学生参加"音乐党史"系列演出"一片丹心献给党"
——交响清唱剧《江姐》

## 五、总结与思考

在综合性大学的声乐教育中,"声乐演唱与表演"课程不仅是声乐技巧训练的平台,更是美育实践的重要阵地。通过学习这门课程,学生不仅掌握了声乐演唱的专业知识,更在潜移默化中提升了审美能力和艺术修养。在教学实践中,通过将声乐技巧与表演艺术相结合,学生在演唱中融入了情感,展现了个性。同时,教师还鼓励学生开展跨界学习,将声乐与其他艺术形式如舞蹈、戏剧等相结合,拓宽艺术视野,提升综合艺术素养。

随着教育数字化和人工智能的深入发展,声乐教育,特别是综合性大学声乐教育的教学内容、课程体系、授课方式,都需调整和变革。基于此,"声乐演唱与表演"课程工作组将持续深化线上线下融合的教学模式创新,通过引入ClassIn等线上平台,在教与学的过程中动态采集学生学习数据,实施课程数字化教学改革,以适应数字时代综合性大学的声乐人才培养需求,提升教学效果和教学质量,同时扩大课程的覆盖面,使课程发挥更大的育人价值。

# 青春北大人，情观红楼梦
## ——北京大学美育优秀案例"情观红楼梦"课程实践

顾春芳

（艺术学院）

## 一、课程概况

2023年至2024年，在对《红楼梦》长期研究和教学的基础上，顾春芳教授将美育的理念和实践引入《红楼梦》的教学，以北京大学艺术学院2022级广播电视艺术硕士研究生为主体，联合北大剧社和北京大学京昆社的学生排演了原创话剧《情观红楼梦》（图1），旨在通过对

图1 参演学生定妆照

《红楼梦》的阅读阐释、剧本创作以及舞台排演,将红学与美育结合起来,探索高校美育的课程体系建设路径和实践方法,以及红学教学与传播的创新形式。

## 二、课程设计理念

美育,应该把学生引向美的发生现场。

《情观红楼梦》的创排,是"艺术观念与阐释方法"和"经典剧目排演"两门研究生课程的教学成果,也是北京大学美育优秀案例的一次实践和展演。课程的初衷是通过戏剧经典文本的艺术阐释和舞台排演,深化人文教育的经典意识,提升研究生的艺术阐释能力。如何开展大学的美育工作?如何发扬北大的美育传统?这是一个非常迫切的时代命题。在授课教师顾春芳看来,美育就是陶冶伟大而高尚的心灵的教育。美育是照亮心灵的教育,美育的核心就是把心灵引向美的发生现场。《红楼梦》是中华文化和美学的无尽宝藏,应该让《红楼梦》的教学课堂成为美的发生现场,成为审美与启智的人文空间。

为突破《红楼梦》教学的单一模式,授课教师有意识地根据2022级艺术硕士研究生群体的专业特点,将红学的理论教学扩展到舞台的实践阐释。通过小说品读、人物阐释、剧本编创和排练演出四个阶段,点燃学生的艺术激情,推动学生深入了解这部中国文学经典,以理论和实践相结合的方式在教学中贯彻落实中华美育思想。《情观红楼梦》的创排,是对基础美育教材建设和顾春芳教授作为主编之一撰写的高等教育美育教材中提出的"沉浸式""综合性""开放性""实践性"美育观念的一次全面实践。

《红楼梦》的经典化过程,伴随着对《红楼梦》的改编。除了清代以来的昆曲改编,现当代的《红楼梦》改编和排演有越剧、赣剧等戏曲形式,也有舞剧、音乐剧等不同的舞台样式。如何在缺少经费、演员和技术支持的前提下,充分展现话剧艺术的美学特性,创作出具有大学生演剧特色的《红楼梦》话剧,既是一个难题,也是一项挑战。

参与这门课程的十多位研究生中,只有两位男生,其余都是女生,授课教师因人制宜地根据每位学生的特点,为他们安排了《红楼梦》的不同角色，两位男生分别饰演神瑛和石头，其余女生分别饰演黛玉、宝钗、凤姐、晴雯、探春、李纨、妙玉、湘云等。在深入研究和尊重原著的基础上，以"情"为纲，以"意象"为目，设置"文学叙事空间""太虚幻境""大观园"三个时空，通过北大青年的"情观"，观大观园兴衰，观红楼儿女命运，观曹雪芹之"情观"，去遥想、追忆和思考文学的世界，叩问、深思和发现人生的意义（图2）。

宝黛共读《西厢记》场景　　　　"花落水流红，闲愁万种，无语怨东风。"

**图 2　宝黛共读《西厢记》**

"情观红楼梦"力求使学生在没有布景的舞台上，自由地出入小说的多个时空，在当代青年的激烈讨论中步入红楼人物的内心世界，步入《红楼梦》的意象世界，使不同时空中的有情儿女进行跨越时空的对话与交流，引领观众品味《红楼梦》的至情和至美。师生希望以简洁而独特的诗性表达来诠释读者心中的《红楼梦》，触摸"情至天下"的价值理念及美学品位。

美育是超越功利的人性教育，美育最基本的特性在于引导人在愉悦自由的精神状态中，认知自我内在的灵性，塑造自我完善的人格。唯有美的感悟，才能变换人的心地，变换心地才能变换气格，变换气格才能提升境界。美育的根本目的是：致力于人的精神世界和内心生活的完满，使得感性和精神力量的整体达到尽可能的和谐。仅仅依靠知识和技能并不能使得人类获得快乐而有尊严地生活。只有和谐的人格才能让我们有足够的智慧创造一个快乐的、有意义的、有情趣的人生。因此，美育的根本是人性的教育，是让人成为人的教育。美育是点亮良知和塑造完满人格的艺术。

## 三、典型教学案例

2015年，顾春芳教授依托北京大学红学研究的深厚传统，联合哲学系、中文系、艺术学院的红学研究学者开启了北京大学的《红楼梦》系列课程建设（表1）。2017年由叶朗、刘勇强和顾春芳三位老师共同策划组织的"伟大的红楼梦"网络共享课程上线，该课程于2018年被评为"教育部国家精品在线课程"，于2020年被评为首批国家级一流本科课程。

表1《红楼梦》系列课程及成果

| 年份 | 内容 | 主要团队成员 |
| --- | --- | --- |
| 2015 | "北大与红学"学术研讨会 | 北京大学美学与美育研究中心 |
| 2017 | "伟大的红楼梦"网络共享课程 | 刘勇强、王蒙、叶朗、张庆善、顾春芳等 |
| 2017 | 北京大学"红楼梦与中国文化艺术"课程 | 叶朗、刘勇强、顾春芳 |
| 2017 | "红楼梦与中国戏曲"博士研究生必修课程 | 顾春芳 |
| 2018 | "伟大的红楼梦"被评为"教育部国家精品在线课程" | 叶朗、王蒙、白先勇、胡文彬、郑培凯、孙逊、刘勇强、潘建国、陈维昭、苗怀明、曹立波、顾春芳、李鹏飞等 |
| 2019 | "永远的红楼梦"系列课程 | 联合策划团队成员：叶朗、顾春芳、刘勇强；主讲团队成员：张庆善、郑培凯、陈维昭、苗怀明、段江丽、俞晓红、詹颂、张云、李鹏飞等 |
| 2020 | "伟大的红楼梦"被评为首批国家级一流本科课程 | 叶朗、王蒙、白先勇、胡文彬、郑培凯、孙逊、刘勇强、潘建国、陈维昭、苗怀明、曹立波、顾春芳、李鹏飞等 |
| 2021 | 《百年红学经典论著辑要》（六卷本） | 叶朗、刘勇强、顾春芳 |
| 2021 | "红楼梦与中国戏曲"系列讲座 | 顾春芳 |
| 2022 | "红楼梦与生活美学"系列讲座 | 顾春芳 |

（续表）

| 时间 | 内容 | 主要团队成员 |
|---|---|---|
| 2023 | 原创话剧《情观红楼梦》 | 顾春芳教授担任课程的主讲和指导老师，学生团队成员：张嘉怡、黄溢乐、张译之、汪梦涵、原宁辰、闻培雅、张舒越、陈一鸣、张孜、石若宇、梁旗琛、梁思远等 |

作为对高校美育改革创新的积极响应与探索，《红楼梦》美育系列课程是对中华优秀传统文化美育课程建设的创新性实践，以话剧《情观红楼梦》为代表的课程教学成果既是高校学科交叉"美育+"的积极实践，也是对昆曲、京剧等非遗的有效学习与传播。在《红楼梦》系列课程的教学中，授课教师将文本研读延展到生活美学专题，涉及红楼饮食、香学、戏曲等领域，并将昆曲、茶道、香道、古琴等艺术雅集活动引入课堂（图3）。

图3 顾春芳教授在排练现场进行剧本阐释

2023年，顾春芳教授带领学生研读《红楼梦》，并在此基础上阐释文本，并创作、排演原创话剧《情观红楼梦》。这种"经典阐释+沉浸式美育"的实践，使得课堂成为中华优秀传统文化的沉浸式体验空间，有助于提升学生在"艺术—学术—人生—境界"多重维度上的综合涵养，并促使他们建立对中华优秀传统文化的归属感和自信心。

在课程设置和实践过程中，顾春芳教授遵循知行合一、艺术与学术交互融合的教学理念，不断探索大学美育的创新形式。课程采用经典阐释与舞台实践创作相结合的形式。"《红楼梦》与中国文化艺术"课程深入探索了《红楼梦》的文化意蕴，邀请国内多名红学专家授课，通过专题讲座与互动讨论，揭示《红楼梦》在中国艺术中的独特地位。"红楼梦与中国戏曲"系列讲座专门通过戏曲的形式深入解析《红楼梦》，旨在通过戏曲文本在《红楼梦》中的互文呈现，探讨《红楼梦》中的人物形象与深刻意涵，帮助学生通过戏曲这一独特的艺术视角，更加深入地理解《红楼梦》的文学深度和文化内涵。"经典剧目排演""艺术观念与阐释方法"在前述课程的基础之上，采用"经典阐释+沉浸式美育"的教学模式，开启了对经典的改编和舞台排演（图4）。

**图4 理论与实践相结合的排演现场**

在充分分析《红楼梦》故事情节与人物形象的基础上，顾春芳教授根据学生的综合素质和气质特点分配角色。学生根据角色研读原著，集体完成剧本创编以及分场排练。排演过程中，学生发挥主持、声乐、器乐、昆曲、戏剧管理、电视编导等方面的艺术特长，使戏剧舞台真正成为综合美育的实验室。如此一来，不同专业的学生都能得到艺术的熏陶。在这个过程中，学生经历了从文本到舞台的实践体验（图5，图6），但也面临着以下几项巨大的挑战。

**图5 选课学生投入排练**

**图 6 中国戏曲的形体训练**

　　首先，排演《情观红楼梦》面临着对原著《红楼梦》的改编问题，要确保改编工作既尊重原文，又适应现代观众的审美需求。有了前期《红楼梦》课程作为基础，本课程选定人民文学出版社出版的《红楼梦》。授课教师将十多个分散的片段以"情观"的叙事策略，以"意象"的高度凝练整合为一个统一的演出剧本，在此过程中，又赋予剧本以"叙述体戏剧"的形式。这不仅有效地串联起分散的段落，而且让小说的文学性和对话性得以保留，同时把握了戏剧艺术的美学特性；既挖掘了原著的文学价值，也体现了戏剧艺术的叙事特色。

　　其次，参与排演的学生没有表演经验，几乎全部是从零开始的"小白"。因此，顾春芳教授特邀请国家京剧院的著名演员张鑫和中国艺术研究院的博士研究生孙良，对学生进行形体和戏曲身段的训练。边训练边排练，边排练边发现问题。在师生的共同努力下，学生逐步掌握了圆场、云手等戏曲的动作和程式，以及舞台表现的基本方法。从不自信到自信，从没感觉到有感觉，从不入戏到入戏，从觉得戏剧难到觉得戏剧有趣，学生们按照顾春芳教授提出的"正误—生熟—粗细—本末—深浅"五个艺术标准，不断检视自己对于人物形象每个阶段的塑造。艺无止境，学生的表现或许离演出的最高要求还有很远的距离，但在每节课的进步和提升中，学生们体验到了艺术创造所带来的审美愉悦。他们勇于突破，敢于挑战，最终让角色"破土而出"。

最后，从小说文本到戏剧艺术的文体转化是一个难题。此前已经有许多话剧对小说的经典场面进行过演绎，如何表现"共读西厢""黛玉葬花""晴雯撕扇""海棠诗社""探春远嫁"等重要段落，如何创造一场与众不同的舞台演出，如何将文学描述转化为视觉元素，使舞台演出能够精准而生动地复现文本场景，是导演面临的最大难题。舞台意象的创造是将文本视觉化的关键步骤。顾春芳教授以自己提出的"意象生成"方法论，将小说的重要情节进行戏剧意象的转化，以简练的形式，直击本质的意象，以最精炼的诗的笔法展现了红楼人物的情感、性格和命运，力求还原读者心中的阅读体验和理性思考。

美育的呈现形式不仅仅是讲解艺术知识、高谈阔论。美育不是灰色的理论说教，而是灵魂对灵魂的点亮，是启发和引导人的良知的自我发现和自我照亮。美育需要实践智慧，美育的真正力量在于推动和催生人对于自我生命的真正价值和意义的认识，锤炼一种超越的智慧，一种审美的心胸，一种自我净化的途径，一种自我涵养的方式，从而获得一种充满希望的人生态度和精神取向。唯有这种充满希望的人生态度和精神取向才能让人对存在本身产生一种珍爱和珍惜，对生命本身产生一种感恩和敬畏，对人生的障碍和困境产生一种不断超越的勇气和力量。当自身的良知被照亮，当人格的完满成为一种内在的、自觉的意识和力量，一切的道德和修养就会成为人的自觉的追求和自然的显现。

除此之外，非全日制研究生的参与以及场地的使用也是师生共同面对的难题。非全日制研究生需要在繁重的工作、家庭责任与学习之间找到平衡。为了有效利用有限的排练时间，课程团队通过比对学生的时间表，每周安排详细的排练时间和排练通告。对于因出差或临时工作任务而无法参加现场排练的学生，教师也会向其传达每天排练的进度，同步课程的内容。为了更好地进行排练，学生以拍摄视频等方式留存课堂排练过程，以便课后进行复习。没有固定的和专门的排练厅，教室是主要的排练场所；没有服装和道具，就在购物网站上搜寻需要的服装和道具；剧场和其他社团合用的情况，反而激发了学生对于"贫困戏剧"的空间想象。从无到有，戏剧激发了学生的艺术想象力和创造力，戏剧锻炼了学生团队合作以及创造性解决问题的能力，戏剧让学生有了持续面对困难和挑战的勇气，也让他们进一步意识到美育的重要性，并希望把这个过程中的欢乐和激情通过这部戏带给更多人（图7）。

图7 北京大学"九一剧场"首演现场

## 四、课程教学成效

话剧《情观红楼梦》是对北京大学红学传统的继承和创新，是北京大学美育的一次探索实践。《红楼梦》美育系列课程不仅仅是对古典文学的学术解读，是对北大学术传统的继承发扬，更是对中华优秀传统文化的深度传承和创新性实践。通过对《红楼梦》文本的深入研读、对剧本的改编创作以及舞台排演实践，学生对《红楼梦》及中国戏剧艺术有了更加深刻的理解，艺术修养得到了陶冶，文化自信和综合素质得到了全面提升。学生在多元文化的熏陶中领略到了中华传统美学的魅力，不仅亲身体验了从文本到舞台的转化过程，实现了知行合一，感悟到了艺术的真谛，体会到了文化的深邃，还在合作中培养了团队精神和创新能力，享受到了艺术创作和团队合作的乐趣（图8—10）。

此次创排创造性地化解了难题，展现了学生高度的团队协作精神和解决问题的能力，为大学戏剧的实践积累了宝贵的经验。创排过程提升了学生的表演技能和综合素养，培养了学生的审美情趣和文化素养，增强了学生对中华文化的认同感和自信心。该剧公演后受到社会各界的一致好评。2024年7月9日，北京大学艺术学院、《中国戏剧》杂志、中国红楼梦学会、北京曹雪芹学会为此联合举办了学术研讨会。与会专家对该剧给予了高度认可和评价，普遍认为这是一部代表北大"学术融合艺术"的学院派戏剧，是《红楼梦》改编史上一部具有里程碑意义的作品，可作为北京大学的代表剧目推向全国。《情观红楼梦》公演后在艺术界和红学界引起了强烈反响，得到了高度认可。课程先后获评"北京大学美育改革创新优秀案例""北京市美育优秀案例一等奖"，话剧作品曾获"第九届中国校园戏剧节优秀奖"。

该剧的创排继承和发扬了"红学"与"美育"这两个北大的传统，并以"经典阐释+沉浸式戏剧"的形式聚合了两大传统，是北大艺术学院美育实践的重要成果。这一教学成果是对高校美育改革创新的积极响应与探索，是中华优秀传统文化美育课程建设的创新落地，同时也是高校学科交叉"美育+"的积极实践，更是对中华优秀传统文化的深度传承和创新性实践。

图8 顾春芳教授和参与《情观红楼梦》话剧排演的全体同学在燕南园合影

图 9 首演后与观众交流

图 10 演出现场

## 五、总结与思考

一百多年前，北大校长蔡元培先生就提出"以美育代宗教"的思想，他认为，一个伟大的民族必须要有宁静而坚毅的精神气象，美育的根本在于重塑中华民族的精神。在蔡元培先生等一代代人的努力下，北京大学成为一所艺术气氛十分浓厚的大学，并且很快成为全国美育和艺术教育的中心，形成了重视美育和艺术教育、重视美学和艺术研究的宝贵传统。

美育不只是教人知识，更是教人生活，教人体验人生的意义和价值、涵养高尚的心灵、培养超凡脱俗的精神气质。这既是审美素养的培育，也是德行的培育。能容纳更多学生进行艺术探索的美育创新空间——教学剧场与排练厅，作为承载美育发生的实践现场，对于北京大学的美育创新性实践和推广具有重要意义。

戏剧美育空间的教学，能够锻炼学生的团队合作能力，激发学生的综合艺术才能，使学生树立自我意识与自信，共情艺术角色，从而更深刻地培养学生的美学素养，使学生感受更广阔的艺术世界。在这一独特的美育空间中，呈现出多重角度的反馈：授课教师、艺术家、学生演员、学生观众、学生编剧、学生导演等多种不同角色的互动、沟通与配合，对于培养具有高度审美力、创造力和表现力的多元复合型人才具有重要意义。

北京大学原创话剧《情观红楼梦》的美育实践有三点突出特色。

### （一）"经典阐释 + 沉浸式美育"，让课堂成为中华优秀传统文化的发生现场

在《红楼梦》系列课程的教学中，教师将文本研读延展到生活美学专题，涉及红楼饮食、香学、戏曲等领域，并将昆曲、茶道、香道、古琴等艺术雅集活动引入课堂。通过带领学生研读、阐释、创作、排演原创话剧《情观红楼梦》，让课堂成为中华优秀传统文化传承的现场，让"经典阐释 + 沉浸式教育"的实践真正起到涵养真善美的心灵、培养学生对中华优秀传统文化的归属感和自信心的作用。

### （二）"知行合一 + 艺术与学术共生"，探索大学美育的创新形式

本课程采用经典阐释与舞台实践创作结合的形式，根据学生的综

合素质和气质特点分配角色；学生根据角色研读原著，集体完成剧本创编，并负责分场导演。排演过程中，学生发挥主持、声乐、器乐、昆曲、戏剧管理、电视编导等方面的艺术特长，使戏剧艺术真正成为综合美育的实验室，令不同专业的学生都能得到艺术熏陶和实践锻炼。

### （三）"艺术+学术的综合赋能"，邀请专业表演艺术家进行指导

本课程邀请了北京人民艺术剧院、中国国家话剧院、中国京剧院、中国艺术研究院等单位的诸多专业老师，让艺术家走进北大美育课堂进行综合性艺术指导，帮助学生更好地实现从学术到艺术的领悟，从而更深刻地走进艺术经典的美学境界和精神世界。

在以戏剧教育为主的美育教学过程中，学生除了参与剧本创作、导演、表演等工作，同时也需要承担音乐编辑、音响导演、灯光设计、服装设计、舞台监督等工作，前者聚焦于艺术本体的创造和呈现，后者则需依赖学生的团队协作、交流沟通、专业分工、责任感和流程管理等综合素养。这一过程，既承载着学生人格心灵的强健与升华，也见证着责任与担当、创造与协作、想象力的释放，以及严谨周密的流程推进，从而体现出美育的本质——帮助学生形成完整健全的人格，提升学生欣赏美、感受美和创造美的能力，进而最终成长为全面发展的人。

美育是最需要实践智慧的教育，也体现着教育的艺术性。话剧《情观红楼梦》的创排，就是将大学生引向经典之美的发生现场，引向戏剧艺术的发生现场，引向有情之天下的发生现场，力求以理论和实践相结合的方式，以经典教育、戏剧教育为抓手，在教学中贯彻落实中华美育思想。以中国美学的意象生成作为舞台空间诗性创构的方法，把红学教学从"课上"搬到"场上"，在没有任何布景的舞台上，演出一部完整的《红楼梦》（图11）。

中国美学的思想和传统启示我们，"智慧的生活"是"审美的生活"，在那里，最高的智慧、最美的心境、最灿烂的感性、最真实的自我、最永恒的当下、最深广的瞬间全部聚合在一起，共同作用于一个生命，涵泳自由和创造的美的精神，从而让这个生命感受到生的无限的意义和价值。这也是我们在北大排演《情观红楼梦》的意义。

图11《情观红楼梦》舞台现场

# 医学人文与美学的融合之韵：
# "医学人文、法律与电影赏析"课程

王 岳　赵忻怡　徐靖仪　高迪思

（医学人文学院）

## 一、课程概况

1977年，恩格尔（G. Engel）提出"生物—心理—社会医学"模式，从生物、心理、社会全面综合的水平上认识人的健康和疾病，这反映了医学技术的发展，从更高层次上实现了对人的尊重，标志着医学道德的进步。在医学治疗中，"生物—心理—社会医学"模式强调"以患者为中心"，把患者当作一个整体，关注疾病、心理和社会因素，维护患者尊严。在医学教育中，"生物—心理—社会医学"模式要求学生不仅应该具有扎实的基础知识、优秀的专业技能，还应有良好的人文素养、高尚的品德、坚定的政治立场以及较强的社会责任感。

以此为背景，北京大学医学部医学人文学院王岳团队开发了"医学人文、法律与电影赏析"研究生课程，从医学人文教育中的美育出发，遵循"明确医学人文教育中的美育点""确定医学人文教育课程中的美育途径"两大原则，通过电影赏析和人文讨论，让医学生感悟和理解"生命的意义""如何面对生死爱欲""医学的使命与特质""患者的个异化需求"等，并在不断学习与思考的过程中，由内而外地形成一种与人文精神趋同的价值观。课程由医学人文学院的教师主讲，同时邀请北京大学附属医院的医生参与授课，效果良好，学生反馈积极。在总结课程教学成果的基础上，课程负责人主编、出版了《电影叙事中的医学人文》和《电影叙事中的医学人文2》（图1），其中前者曾获评"2020年中国医界好书"。

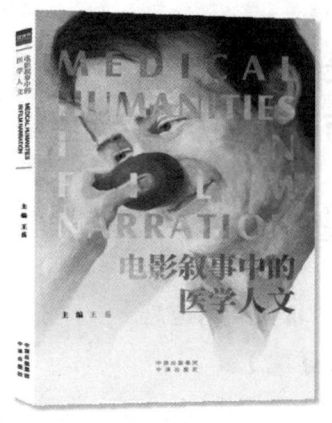 

**图1 根据"医学人文、法律与电影赏析"课程出版的《电影叙事中的医学人文》与《电影叙事中的医学人文2》**

## 二、课程设计理念

美学作为一门独立于医学之外的学科,与医学之间看似存在难以逾越的鸿沟,但实际上两者紧密联系并且相互影响。现代医学始终以人体生理机能健全、组织结构完美、心理平衡、社会适应与人际关系和谐等为目标,既关注人类健康,同时也注重心灵的关怀,这些均与"美"不可分离。医学和美学研究都是为了更好地满足人类对健康和美的追求。医学美学教育(即医学美育)将医学与美学交叉融合,通过"形象教育""移情作用"等环节引导学生培育情感、责任感和事业感,让医学生将自发产生的道德意识上升到职业责任,继而自觉地把救死扶伤与医学科学发展及人类公共健康联系在一起,产生崇高而神圣的情感动力,把全心全意为人民身心健康服务作为崇高的理想和价值追求,从而实现立德树人的目标。

"医学人文、法律与电影赏析"课程关注医学界的现实问题与焦点话题,通过"电影赏析"提升学生的审美能力与素养,以人文社会科学的视角与思维范式,研究医学与人类社会的诸多问题,揭示医学发展规律和趋势;通过"共情与反思"让医学生对患者的疾苦产生更深刻的理解和共鸣,主动去了解患者身后的故事与世界,从而树立正确且积极的审美观与价值观。

"医学人文、法律与电影赏析"课程的灵感源自哈佛大学教授阿伦·斯通（Alan Stone）开设的电影赏析课"法律、心理和道德：透过电影的探讨"，这门课是哈佛大学最热门的研讨课之一。他带领学生通过电影赏析进行思考和讨论，让学生更大限度地展现天赋和能力，并找到了一种方法来增强学生探讨具有重要意义的观点的能力。以此为基础，"医学人文、法律与电影赏析"课程也采用电影作为教学媒介，旨在运用影像化的叙事方式，让医学生更直观地了解医学人文和法律知识。电影中的情节和角色能够帮助学生走进患者的世界，产生共情，从而更好地理解患者的需求和困难。

课程负责人收集了与医学有关的经典影片，所选择的电影大多是以患有不同类型疾病的人物（如肿瘤患者、精神障碍患者、艾滋病患者、儿童患者等）为主人公，让医学生更深刻地理解不同病人的特点和需求。课程设计上强调情景互动式教育，通过邀请临床医生与学生共同观影，展开对话和讨论，让学生在模拟的情境中学习医学人文和法律知识，提升学习效果。同时，课程强调共情教育，鼓励学生站在患者的角度思考问题，感受患者的痛苦，这种教育不仅能够帮助学生更好地为患者提供服务，还能够减轻职业倦怠和疲劳。此外，课程注重培养学生的法律意识，通过解析电影中的法律情节和案例，让学生了解医疗法律的基本原则和规定，以便他们在将来的工作中遵守法律法规，规避法律风险。最后，课程突出医学的温度，鼓励学生关注患者的社会属性，为患者提供全方位的关怀和支持。具体设计如表1所示。

表1 "医学人文、法律与电影赏析"课程设计

| 序号 | 赏析电影 | 人文议题 | 教学方式 |
| --- | --- | --- | --- |
| 1 | 《心灵点滴》 | "治病救人"还是"帮助患者"？ | 体验式教学 |
| 2 | 《亲爱的医生》 | "冒牌医生"为何被视为"神明"？ | 启发式教学 |
| 3 | 《人到中年》 | 中国医生之过往面貌 | 启发式教学 |
| 4 | 《雨中的请求》 | 破产与安乐死 | 案例教学 |
| 5 | 《深海长眠》 | 朱丽娅的失约与安乐死 | 启发式教学 |
| 6 | 《入殓师》 | 什么是尊重生命？ | 启发式教学 |
| 7 | 《遗愿清单》 | 人生的意义是什么？ | 案例教学，情景式教学 |
| 8 | 《心灵病房》 | 爱的反义词是恨，还是冷漠？ | 启发式教学 |

(续表)

| 序号 | 电影赏析 | 人文议题 | 教学方式 |
| --- | --- | --- | --- |
| 9 | 《潜水钟与蝴蝶》 | 到底什么是幸福？ | 情景式教学 |
| 10 | 《姐姐的守护者》 | 患病孩子的意愿 | 案例教学 |
| 11 | 《最爱》 | 艾滋病患者有免费药物就够了吗？ | 案例教学 |
| 12 | 《飞越疯人院》 | 精神障碍的"去机构化"之困 | 启发式教学 |
| 13 | 《换子疑云》 | 为什么没病却出不了医院？ | 案例教学 |
| 14 | 《触不可及》 | 残疾患者究竟希望被如何对待？ | 启发式教学 |
| 15 | 《达拉斯买家俱乐部》 | 目光比病痛更伤人 | 案例教学 |
| 16 | 《我不是药神》 | 如何理解"法律不应强人所难"？ | 案例教学 |
| 17 | 《儿童法案》 | 因宗教信仰而拒绝输血 | 情景式教学 |
| 18 | 《我不是潘金莲》 | 法律事实 VS 客观事实 | 启发式教学 |

## 三、典型教学案例

在"医学人文、法律与电影赏析"课堂上，授课教师以电影内容为切入点，带领学生就相关的人文议题进行深入讨论（图2）。以《心灵点滴》观影课堂为例，授课教师从医患关系、治疗方法和治疗目的三个方面对影片进行评价，引导学生围绕"医学的使命是'治病救人'还是'帮助患者'""医生最大的敌人是'疾病与死亡'还是'冷漠'""医患关系是一种包含情感沟通的人际关系""应利用积极情绪治疗"和"医学生要锻炼与人沟通的技巧和能力"这五个议题展开讨论。

图2 "医学人文、法律与电影赏析"课堂师生合影

在电影《换子疑云》观影课堂中，授课教师一方面与学生讨论美国警察"进化"过程中的纠偏机制，即"相信常识并坚持为之付出代价的公民""通畅的意见渠道""体制内善良和正直的力量"和"民意在顺畅表达之后的反馈机制"；另一方面则围绕我国精神卫生立法中关于精神障碍者权利保护的六个方面（"人格尊严人身和财产安全权""受监护权""知情同意及获得治疗权""平等的学习和劳动就业权""医疗保障权和社会救助权""诉权和获得赔偿权"）展开知识延伸。

在《我不是药神》观影课堂中，授课教师结合现实中的法律案例对电影中的最后判决进行评价，并与学生讨论"如何降低我国原研药品价格"，具体包括："进一步加快和巩固药品一致性评价工作，政府一方面要为国内首仿药品提供绿色通道""在医保付费方面，应当由原来的比例报销改为基线报销""除了免除关税，政府必须真正降低药品销售中的流通成本""制定有关'药品强制仿制'细节的法律"。

在电影《遗愿清单》观影课堂中，授课教师结合电影内容，引导学生从"家庭观和婚姻观""价值观""人生观""生死观"等认知维度思考问题。

"医学人文、法律与电影赏析"课程的授课形式并非局限于讲授和讨论，授课教师还会旁征博引，结合许多古今中外的人物、故事和案例进行讲授。比如，通过介绍在20世纪六七十年代的美国、20世纪90年代的中国台湾地区，以及近些年在印度发生的医患纠纷事件来讨论医患关系的历史发展规律；通过讲述欧洲的中古史来阐述医患之间的信托关系；通过讲述日本"寿司之神"小野二郎、人类第一台心脏外科手术完成者路德维希·雷恩（Ludwig Rehn）的故事引导学生思考何为"专业精神"，为何医者要有专业精神，以及如何成为杰出的医者；通过欣赏文艺复兴"三杰"的艺术作品，讨论同行协作和人类命运共同体的大命题。以《遗愿清单》观影课堂为例，授课教师通过美国前总统比尔·克林顿（Bill Clinton）、女记者海伦·福克斯（Helen Fox）和英国女孩爱丽丝·派恩（Alice Pyne）为自己列遗愿清单的事例，鼓励学生列出遗愿清单，以此思考生命的意义。在《最爱》观影课堂中，授课教师通过对真实案例"广东省艾滋病就业歧视案"的讲述，让学生深刻了解中国艾滋病毒感染者、艾滋病患者的合法就业权益受到国家法律的平等保护。在电影《儿童法案》观影课堂中，授课教师通过设计情景（如情景一：一名癌症晚期的老人已经昏迷，目前呼吸困难，不立即插管上呼吸机就会死亡，家属担心医疗费用高昂，遂提出不给老人上呼吸机；情景二：急诊室里一名青少年服毒自尽，如不立即洗胃就会死亡，但其母亲由于孩子第三次轻生而生气，赌气不签署洗胃知情同意书），帮助学生理解患者的自主决定权。

## 四、课程教学成效

医学人文教育不应当是枯燥和冰冷的理论教育，医学人文教育的目的也不是要将医学生培养成为美学家、史学家、哲学家、伦理学家或法学家，而是要打破医学与人文学科的边界，引导医学生发自内心地内化医学专业精神，并将其作为自己所有临床决策和行动的价值准则。"医学人文、法律与电影赏析"课程解决了传统医学人文教育中内容偏重理论、课堂缺少互动对话、学生感觉枯燥无味等问题。

从授课后的调查问卷结果看，学生对本课程的满意度为100%（13.64%比较满意，86.36%非常满意），普遍认为本课程的内容非常有趣、对自己有帮助的学生占97.73%。而在每一节课结束后，学生都会发表自己的感想与体会，为这门课程提供反馈，反馈感悟如下。

中日友好医院学生在《雨中的请求》观影课堂结束后对安乐死的感悟："作为一个医学生，我反对安乐死。医生的职责本就是救死扶伤，今天治愈不了的病不代表永远无法根治。如果我们碰到一个绝症，就根据患者的意愿而帮他实行安乐死，那我们的医学将永远得不到进步，我们将来遇到的将是越来越多的'安乐死'。"

北京大学人民医院学生在《入殓师》观影课堂结束后对生死的感悟："人生于自然，死后亦回归自然，不过是来感受一趟人间的喜怒哀乐和生老病死。而人的生命注定是要生生不息的，这就是生命的价值。"

北京大学肿瘤医院学生在《姐姐的守护者》观影课堂结束后对个人权利的感悟："妹妹要有自己的医疗自主权，姐姐要的是自己能不再痛苦的死亡权。这些都是自由人权的体现。"

北京大学民航总医院学生在《达拉斯买家俱乐部》观影课堂结束后

对医生职责的感悟:"如果可以选择,我更希望成为第五种医生……像伊芙医生那样坚持行医原则,像墨西哥医生那样坚持研究和治疗,像罗恩那样敢于对抗权威。"

总的来说,学生对"医学人文、法律与电影赏析"课程的授课方式、授课内容都感到耳目一新。更为重要的是,电影中的许多情节和场景,促使他们转换思考问题的视角,从医务工作者或医学生的角色转向患者及其家属的角色,从而自然而然地去反思自己以往已经习以为常的临床工作。在总结课程教学成果的基础上,课程负责人还主编、出版了《电影叙事中的医学人文》系列图书,供更多医学生阅读和学习。

## 五、总结与思考

"医学人文、法律与电影赏析"课程是医学人文教育中对美育的一种探索,结合该课程的开展情况,可进一步总结分析,探索医学人文教育中美育功能的实现路径。

第一,应明确医学人文教育课程中的美育点,其首要教育目标是贯彻"以人为中心"的医学理念,培养医学生的职业道德素养和健全人格。通过美德论、生命论、死亡观的教育,培养医学生对患者、对同事、对医疗事业、对生命更加热爱的情感。借助医学道德标准和道德理想等形式,使医学生正确认识和处理医疗卫生领域中的各种人际关系。

第二,要确立课程美育在医学人文教育中的实践路径,借助审美媒介,如电影、书籍等大众媒体向医学生施加审美影响,让医学生学会感受美、发现美;同时对医学生的审美态度进行指导和教育,使其学会欣赏美、追求美;并通过课前分享和课后实践,让医学生学会利用多种形式传播美、创造美。医学美育是医学人文教育的核心,医学生和医务工作者应该始终秉持医学人文理念,关注生命价值、人的存在意义和人类未来命运,始终把人民群众的身心健康放在首位,坚持"全心全意为人民服务"的医德基本原则,真正践行"以人为本"。

卡尔曼在《卡尔曼医学教育史》一书中指出:"医生要让身处困境

的人们感到有人在伸出援助之手,要倾尽其力,尽其所能。"[1]医学教育的目的不仅仅是让学生了解疾病,更是让他们了解患者的需求和面前的"人"。医学美育的目的便是让医学生树立正确的价值观,加强自身的道德修养,使自己具有较高的职业道德和职业操守。这种教育体现出人格的情操美、朴素诚挚的德行美、自律不懈的修洁美和远大崇高的理想美,解决了医学技术进步带来的医学人文淡化问题。而教育的本质本来便是"一棵树摇动另一棵树,一朵云推动另一朵云,一个灵魂唤醒另一个灵魂"。医学人文不是知识,所以无法讲授;医学人文也不是能力,所以无法锻炼。医学人文是一种感悟,是一种心灵深处的共鸣,意在使医学生的内心世界产生一种与人文精神趋同的价值观。而医学美育应是让学生在学习过程中逐步感悟并最终形成这种价值观,因为这是一名医生必备的素质,也是一名医生"永不被告"的关键。

---

[1] 卡尔曼. 卡尔曼医学教育史[M]. 管远志,潘慧,译. 北京:中国协和医科大学出版社,2014:291.

# 泰戈尔《春天》瑜伽诗剧美育教学实践

亓昕　　魏丽明　　徐玉隽　　万梨　　张展嘉
(体育教研部)(外国语学院)(体育教研部)(医学人文学院)(体育教研部)

## 一、课程概况

北京大学本科生体育公共必修课"瑜伽"课程首次开设于2007年春季学期，至今已连续开设37个学期，自开设以来一直是校内热选课程。课程涵盖瑜伽姿势、呼吸与调息、冥想等内容，着眼于身体的强健，注重自我意识引导，强调身体活动及情绪的控制，进而使练习者通过开发个体内在潜能，实现由内而外的自我完善。

课程内容特色及创新点包括：第一，有效培养学生锻炼身体的习惯和"健康第一"的思想意识；第二，帮助学生掌握瑜伽的基本体位法、调息法及相关理论知识，提升运动健身和健心技巧；第三，综合线上线下多种教学场景与方法，激发学生的练习兴趣，延伸课程教学时间和空间维度，高效提升学生的身心素质；第四，通过体式美、语言美、节奏美、音乐美等美育教学，提升学生审美素养、陶冶情操、温润心灵，并激发创新活力；第五，利用课内外多种活动与社团组织，鼓励学生积极参与，在实践中促进学生身心素质的全面发展，树立终身体育的观念。

本课程的线上课程"大学生瑜伽"曾被评为国家精品在线开放课程（2018年）、国家级一流本科课程（2020年）。近5年，课程团队共完成9项省部级及校级教育教学创新课题及项目，涵盖慕课建设、混合式教学改革、虚拟仿真教学实验、人工智能助推课程建设、瑜伽教学资源数据库建设、瑜伽智慧教室建设、思政教学改革、美育教学案例等。

## 二、课程设计理念

### (一)设计理念

"培养全面发展的人"是钱伟长先生提出的教育理念,他提到:"我们培养的学生首先应该是一个全面的人,是一个爱国者,一个辩证唯物主义者,一个有文化艺术修养、道德品质高尚、心灵美好的人;其次,才是一个拥有学科专业知识的人,一个未来的工程师、专门家。"蔡元培校长早在百余年前就已经提出"完全人格,首在体育"。体育如何塑造学生的完全人格,不同体育项目如何在各自的特色教学中体现"以体育心",一直是体育教育工作者所探究的问题。

瑜伽运动具有鲜明的东方传统体育运动文化特征,这种运动强调呼吸,讲究联结、平衡以及顺应自然,其所彰显的哲学思想和艺术审美等美育价值,在培育大学生健全人格方面可发挥重要的作用。为此,我们根据瑜伽运动的项目特点和文化特征,以及新时代国家对大学生人才培养的战略要求,尝试将泰戈尔戏剧作品《春天》融入北京大学瑜伽课程的教学实践中:通过集体围读、分享交流,结合瑜伽体式动作进行戏剧作品的再创编,形成创新性教学成果——泰戈尔《春天》瑜伽诗剧。通过学期末的小组展演,提高学生的创造能力和审美能力,引导学生积极进行自主学习、身体训练及主动思考,使学生学会尊重自然规律以及与自然、与自己、与他人和谐相处。

### (二)设计思路

**1. 教学团队准备**

(1)瑜伽文化深度学习

团队深入学习东方传统体育的文化内涵,与北京大学外国语学院相关专家及瑜伽领域世界知名学者进行访谈,并前往印度国际大学泰戈尔故居进行实地考察。

(2)瑜伽教学内容创新

团队深度解析东方传统体育中的文化特质及独到练习方法,收集课程相关美育素材,并于课内进行讲习。同时,团队收集瑜伽传统故事,选取符合现代教育理念的内容融入课堂教学中。

（3）瑜伽教学经验交流

团队积极与同行及学生进行交流和研讨，不断改进教学内容和方式方法。每学期组织一次与北京市瑜伽教师的教学经验分享会，交流教学心得，互相学习借鉴先进经验。

**2. 教学资源建设**

（1）教学大纲调整

教学团队秉持"明学术、正人心"原则，发掘瑜伽文化中对大学生有益的内容，并使用合理的教学手段传达给学生。团队在教学过程中融入蕴含思想文化价值观元素的引导语，并在练习中鼓励学生勇敢尝试、坚韧保持、柔软接纳、坦诚面对、相互信任等，使学生在体育实践中体验情感共鸣、感悟生命真谛、收获成长的快乐与自我实现的满足（表1）。

表1 瑜伽课思想品德及文化修养教学设计

| 课程名称 | | 瑜伽 | 课程类别 | 公共必修课（本科生） |
|---|---|---|---|---|
| 周学时 | | 2 | 教学内容 | 调息、体式、冥想、休息术 |
| 教学方式 | | 线下+线上 | 教学组织形式 | 面对面教学、线上自学、围读经典、小组学习、分享交流、小组展示等 |
| 融入课程的主要思想及文化元素 | 文化自信 | | | 东方传统文化中与中华优秀传统文化相通的元素，如和谐、仁爱、崇德、尚礼等 |
| | 健康意识 | | | 健康第一、科学健身、终身体育 |
| | 思想品德 | | | 相互尊重、相互帮助、公正客观、真诚友善、团队精神、创新精神 |
| | 意志品质 | | | 坚韧、勇气、自信、乐观 |
| | 心理素质 | | | 压力管理、情绪管理、努力管理、自我反思、平衡稳定、专注敏锐 |
| | 职业素养 | | | 仁、智、勇 |

（2）教材修订创新

教学团队拍摄教学视频并编写《瑜伽教程》（第二版，北京大学规划教材），并且在教学过程中使用该教材及配套视频进行课堂教学。

（3）拓展性教学资源整合

教学团队收集与瑜伽课程教学相关的文学作品，如泰戈尔戏剧剧本

《春天》《邮局》《齐德拉》《纸牌王国》等，在课堂内外增加对瑜伽故事的介绍和分享，以文字、图片、视频、音乐、舞蹈等多样化的形式为学生的心灵成长营造和谐美好的人文艺术文化氛围。

## 三、典型教学案例——"泰戈尔《春天》瑜伽诗剧"编创与展演

2022年春季和秋季学期，课程负责人亓昕将泰戈尔戏剧作品《春天》创造性融入大学生瑜伽课程教学，组织学生围读原作中文译本、分组讨论、改编剧本、编排体式、择编音乐、分配角色、小组排练，最终以"瑜伽诗剧"形式进行展演，将文学作品语言之美、经典著作思想之美、瑜伽体式动作之美、背景音乐旋律之美、服装造型视觉之美等美育元素，融入大学生体育课程教学。这提高了学生的审美能力、感悟能力以及创造能力，探索了文学课与体育课等多学科交叉融合的"美育+"课程建设新路径，激发了学生的学习热情，对大学生身心全面成长起到了促进作用，体现了对大学生"完全人格"的教育功能。

### （一）瑜伽队学生编创展演

2022年4月，亓昕与魏丽明组织北京大学瑜伽队学生从围读泰戈尔的戏剧《春天》剧本开始，在文学巨著中感受瑜伽精神，思考并交流其中包含的人生哲思。之后，学生自主协商进行任务分工，包括剧本改编、舞美设计、服装设计、校园取景、音乐合成、视频录制剪辑及后期合成。展演视频录制结束后，每位参演学生提交了一份练习感受作为总结。

2022年5月，瑜伽队与外国语学院共同组织了"泰戈尔《春天》瑜伽诗剧工作坊研讨交流会"（图1，图2），多所高校师生参与研讨。在共同观看由北京大学瑜伽队自主创编的泰戈尔《春天》瑜伽诗剧展演视频后，与会嘉宾针对剧目展开以"跨越春天"为主题的分享交流和自由研讨。工作坊活动的成功举办在全国高校范围内形成了极大的冲击力和广泛的影响力。

图1 泰戈尔《春天》瑜伽诗剧展演剧照（视频截图）

图2 泰戈尔《春天》瑜伽诗剧工作坊研讨交流会线上会议（新闻图片）

**（二）瑜伽课学生创编展演**

2022年春季、秋季学期，授课教师在学期中布置创编泰戈尔《春天》瑜伽诗剧的任务，组织学生分组对泰戈尔《春天》剧本进行围读（图3），撰写读后感，并集体观看北京大学瑜伽队学生编演的瑜伽诗剧视频（图4）。

**图3 学生课内围读泰戈尔《春天》剧本**
（摄影：亓昕）

**图4 学生课内观看北大瑜伽队编演的泰戈尔《春天》瑜伽诗剧**
（摄影：亓昕）

随后，各班小组长组织团队人员进行瑜伽诗剧创编和排练；期末各班各组依次进行瑜伽诗剧展演（图5，图6）。整个过程中，师生利用慕课平台、微信群等课内、课外多种渠道进行充分沟通，教师启发学生不断进行自主反思与总结。通过瑜伽诗剧的创编实践，学生提高了创造力，也锻炼了团队协作能力以及沟通能力。

图 5 2022 年秋季学期，泰戈尔《春天》瑜伽诗剧学生线上展演视频截图

图 6 2023 年春季学期，泰戈尔《春天》瑜伽诗剧学生线下展演

（摄影：亓昕）

## 四、课程教学成效

美育是审美教育、情操教育、心灵教育，也是丰富想象力和培养创新意识的教育，它影响受教育者的价值观念。换言之，美育就是让学生在情感上、审美上获得熏陶，进而培养学生正确的审美价值观，促进学生心灵的健康成长。通过对两个学期的选课学生进行调查，我们发现 80%～90% 的学生明确表示喜欢"瑜伽诗剧展演"这种学习和考核的方式。选课学生的体悟与感受丰富多彩、令人动容，充分体现了美育的价值。

### （一）学习兴趣与艺术融合能力显著提升

课程通过创新性融合瑜伽体式、诗歌朗诵与舞蹈元素，有效激发了学生参与热情。学生在自主编排动作与台词的过程中，深切感受到瑜伽与文学、音乐结合的艺术创造力（如以泰戈尔诗剧为载体的创编实践），体验到身心协同表达的乐趣，实现了从技术习练到艺术表达的升华。

### （二）自主探究与合作学习能力双轨发展

**1. 自主学习深化。**学生在动作编排任务中主动深化对瑜伽体式内涵的理解，提升动作精准度与应用灵活性。

**2. 协作创新突破。**学生小组通过剧本改编、动作设计、配乐服装设计等全流程合作，突破了传统瑜伽个体习练模式，在集体智慧碰撞中提升了创意思维与执行效率，同步巩固了所学体式体系。

### （三）团队协作与跨学科实践效能增强

课程独创"瑜伽诗剧"展演形式，构建沉浸式团队协作场景。学生通过剧本打磨、动作协同、视听效果设计等环节，深刻体会到团队凝聚力的价值，在实践中掌握了项目统筹能力，并收获了协作带来的精神满足感与艺术成就感。

### （四）身心感知与哲学体悟深度拓展

**1. 感知力进阶。**文学与瑜伽的跨学科联结，促进了学生从身体练习升维至身心融合的觉察，强化了对生命哲学的敏感性。

**2. 体悟力升华。**通过反复研读剧本与动作实践，学生逐步领悟到泰戈尔"身心和谐""顺应自然"的核心思想，实现了身体技法与精神内化的同步提升。

### （五）价值观念与生命态度积极塑造

课程引导学生深度内化瑜伽哲学与诗剧人文精神：建立身体使用与生活态度的自然联结，理解"身心共修"的生命观；培育自我接纳、与环境和解的包容心态。

### （六）审美素养与艺术表达持续优化

**1. 审美维度拓展。**诗剧实践深化了学生对文学意境与动作美学的关联认知，提升了艺术鉴赏力。

2. **参与式美育**。通过服装设计、动作叙事等实践，学生亲身参与审美创造过程，强化了对"灵动叙事美学"的感知能力。

### （七）文化理解与创新思维双向激活

1. **文化认知深化**。对瑜伽哲学与印度文化背景的学习，拓宽了学生的跨文化理解视野。

2. **创造力释放**。经典剧目再创作实践（剧本重构、动作编排）有效激发了学生的想象力，实现了个人理念与艺术载体的有机融合。

**学生感言摘录：**

学生一：我最大的收获是感受到了瑜伽的乐趣。瑜伽可以与诗剧、音乐结合在一起，焕发出不一样的生命力。我们为瑜伽赋予了新的意义。

学生二：瑜伽本来是一个独自习练的运动，但诗剧表演却提供了一个团队合作的机会。要做好一个诗剧的展演，需要从剧本开始打磨，设计与诗剧契合的瑜伽动作，还要找到合适的服装、配乐，以及完成最后的录制。在小组合作的过程中，我从每一位小组成员身上都学到了很多，也在合作的过程中体会到快乐。

学生三：通过排演，我们可以更好地体验剧本诗化语言中所蕴含的丰富旨趣，感受泰戈尔体察和点亮生命本真的期望，通过顺应自然规律来使用身体、对待生活的呼吁，让身心在其中得到舒缓、复归平静，学会与自身和谐共处，以及与环境通达联结，在瑜伽诗意之中深入感受春天般的蓬勃生机。

学生四：我参与了个人部分和集体部分的动作录制，这是一次非常有趣又新奇的合作体验，让瑜伽灵动起来，有故事感。我还参与了剧本创编和服装设计，这也是以前没有体验过的，设计构思让我很有参与感，也提升了我的审美水平。

学生五：这门课程让我对瑜伽内部的一些理论、哲学和印度的文化有了更深刻的认识，并培养了我的想象力与创造力。

## 五、总结与思考

本课程在教学理念上重"思"善"导",在教学内容上守"正"创"新",在教学方式上昭"显"强"隐",旨在通过将东方传统体育运动文化内涵融入高校体育教学实践,使东方体育运动文化与审美价值观入脑入心,并外化为大学生的具体行动,促进他们的全面发展。在本课程的教学中,我们发现以下两方面内容应在未来教学实践中继续完善与改进。

**(一)依据学生身心特点设计课程改革方案,持续推进个性化教学**

调查发现,人文、社科、经管、医学以及跨学科类专业的学生对于"瑜伽诗剧编创与展演"这种创新性教学模式更易接受,理工科学生中虽有较多人认为"没有感觉",但也能接受这种教学模式。教学中需要教师对理工科学生给予更多关注,采取更加具有针对性的激励和启迪措施。

**(二)构建良好的教与学的生态环境是实施教学创新的必要条件**

**1. 拓展教学空间。**学习不仅仅是在课堂内,更多的"功夫"还是需要学生在课外去完成,目前课外学习主要采用线上形式开展。通过对"影响学生在线学习的因素"进行调查,我们发现,77.08%的学生认为没有合适的空间是限制课外自主练习的最重要因素,这从侧面反映出学生对练习空间的迫切需要。因此,学生课外自主学习练习的空间需得到保障,拓展教室空间、开发虚拟练习空间、智慧化教学等仍需进一步探索。

**2. 加强合作学习。**调查显示,有53.13%的学生认为互动不充分是影响在线学习的重要因素,而合作学习以及团队学习能够更好地激发学生的学习兴趣。因此,未来创新教学改革中多使用小组教学及合作学习的模式会产生更加积极有用的效果。

**3. 加强教师引导。**教师在学生自主学习、练习及创编方面需给予更多的关注及引导。教师的引导作用不可忽视,学生学习太自由会导致注意力发散,尤其是美育需要采取更多有针对性的个性化教学方法和手段。因此,持续加强教师培训与学习,不断提高教师的专业素养及能力,既是当务之急,更是需要"久久为功"的战略工程。

**4.研发智慧教学。**再优秀的教师也无法同时面向所有学生进行24小时课外辅导。未来需要学校及教师积极开发相关智慧教学平台,辅助教师进行课外教学和指导,发挥"人机协作"教学的优势作用,为学生提供更好的泛在化学习、自适应学习条件,真正让美育渗透到学生的日常生活中。

# "颗粒艺术"：新观念、新概念、新理念

王 蓓 王 楠

（艺术学院）

## 一、课程概况

"颗粒艺术"是由北京大学艺术学院彭锋教授牵头，颗粒艺术概念的提出者王楠担任主讲教师，以北京大学艺术学院颗粒艺术实验室为依托，面向全校学生开设的一门通选课和美育实践课。课程不要求授课对象必须有艺术基础或实践经验，而是注重发掘学生的多学科背景优势、综合素质潜力和创新思维特质，通过开展基础训练，使学生掌握颗粒艺术规律，合理利用生活材料进行美的创造。课程依托全新的艺术观念和美育理念，旨在培养学生发现生活中的问题（或对象），并且用个人理解的"颗粒"进行艺术呈现，其呈现的过程也是艺术创造的过程。课程以大学生自我发展为中心，学生一旦投入创作，就进入了表达自我、绽放个人艺术魅力的阶段。对于非艺术类学生而言，这能够使其毫无阻碍地认识和体验艺术，同时培养辩证认知世界的能力，从而可以更好地认识自己。

"颗粒艺术"课程建设始于2018年，艺术学院率先在第二课堂、继续教育及特色文科实验室建设中将颗粒艺术应用于人才培养和科学研究。在艺术学院颗粒艺术体验营与颗粒艺术实验室共建融生的过程中，颗粒艺术实验室开发设计出品了一种用于拼图像或拼雕塑的艺术材料，名叫"颗粒方"，并在"颗粒方"IP项目中镶入学生成长成才计划，这在学院德育工作——尤其是精准资助工作中，发挥了重要作用。2022年，颗粒艺术赋能学院精准资助工作的经验得以推广，学生资助中心面向北大学生开设了发展支持型选修课"颗粒艺术"，收效甚佳。为满

足不同专业学生的艺术实践需求,艺术学院于2022年面向北大在校生开设了颗粒艺术的入门基础课"颗粒艺术",并挑选来自不同院系的学生的优秀结课作品参加国家艺术基金2023年度传播交流推广资助项目"一粒一世界——北京大学颗粒艺术展"(图1),这些作品在全国多地进行了巡展。

图1 "颗粒艺术"课程教学成果首次在北大展出

## 二、课程设计理念

近年来艺术学院招收的本科生中,具有艺术基础的学生凤毛麟角,且来自经济困难家庭或贫困地区的学生占比很高,艺术教育资源的短缺使得高中和大学的艺术教育长期面临无法衔接、缺少基础的困境。这给学生的艺术专业学习和学院本科教学工作带来了挑战。从全校来看,艺术基础薄弱、美育经验不足的情况同样普遍存在。在此背景下,颗粒艺术打破艺术陈规旧识、培养新兴的艺术思维的重要价值和实践意义就此凸显出来。

古往今来,颗粒在艺术领域一直具有非凡的意义,在当代,科技又为艺术插上了翅膀,使每个人都能够用颗粒将心中所想化为现实。"颗粒艺术"是北京大学艺术学院在艺术科技领域的创新成果,也为美育的实践和推广提供了一种解决方案。随着"颗粒艺术"概念的成熟,艺术学院逐步将"颗粒艺术"活动引入学院、引入校园、引入课堂。

从艺术学视角看,"颗粒艺术"是融合物理学、美学、哲学与日常生活的现象艺术,主要依托客观物质群,通过特定视距与科学计算,以结构、解构、重构的形式进行图像呈现。"颗粒艺术"结合了艺术与科学的语言,使没有密度的颗粒通过组合来构成有密度的绘画艺术形态,从而形成独具特色的艺术风格,并以全新的艺术观念引导观众及创作者突破艺术创作的陈规旧识。颗粒艺术创作,是以美术基本构成要素中的"点"作为物质模型,并与透视学中"近大远小"原理进行结合;颗粒的范围可以大到宇宙星球,小到沙粒细胞,颗粒可以是任何物质。进一步讲,颗粒艺术中的颗粒可以是物质,也可以是虚拟符号或图腾。物质本身不是最重要的,重要的是体现物质组合传递的精神意识。以"视距"和"影像之下"为关键词,颗粒艺术作品既是物质群,也是从日常生活细节中提炼并强化审美旨趣的艺术实践成果。它使平凡之物呈现出不平凡的"纪念碑性",并成为反映日常生活和时代精神的载体(图2,图3)。

**图2 颗粒艺术作品《梅兰芳》**
(作者:董晴晴 材料:颗粒方)

 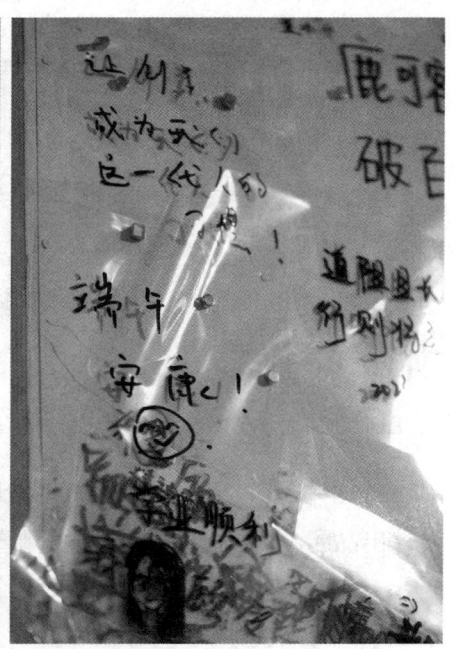

**图3《人生戏-梅兰芳》(左)作品细节(右)**
(作者:董晴晴、史蕊蕊 材料:赛璐珞纸、互动语句)

从人才培养的角度看,颗粒艺术也蕴含着一种艺术思维。教师引导学生:艺术作品的创作可以来源于报纸、钉子等日常的小物件;将这些"颗粒"进行组合可以实现平面图像或者立体雕塑的构造,实现从生活材料到艺术作品的奇妙转化。这种低门槛、易上手、来源于生活的艺术创作方式,使学生认识到艺术是可学、可感、可做的,普通大众亦可以享受艺术的情趣,艺术并非"高不可攀"或"精英独有"。相比于其他有技术门槛的艺术活动,颗粒艺术对零基础的学生很"友好"。颗粒艺术开启了新的艺术教育探索,将传统艺术创作从被动的模仿与写生模式中解放出来,引导学生主动拥抱生活,以更富激情的姿态投身艺术创作。

此外,"颗粒艺术"课程所依托的北京大学艺术学院颗粒艺术实验室(以下简称"实验室"),于2018年开始筹建(图4)。实验室以颗粒艺术理论研究、艺术创作、美育推广为使命,是国内首家以颗粒为载体的艺术研究及艺术创客的研究型艺术实验室。实验室执行主任王楠拥有实用新型专利、外观设计专利以及计算机软件著作权二十余项。

**图 4 北京大学艺术学院颗粒艺术实验室（北京大学红三楼均斋报告厅北区）**

2018 年，北京大学艺术学院和北大附中颗粒艺术实验室联合开发、设计出品了一种用于拼图像或拼雕塑的艺术材料，名为"颗粒方"（图 5）；其原材料为 K- 树脂（K-Resin），可用于食品包装和医疗器材，并于 2019 年首次运用于艺术领域。

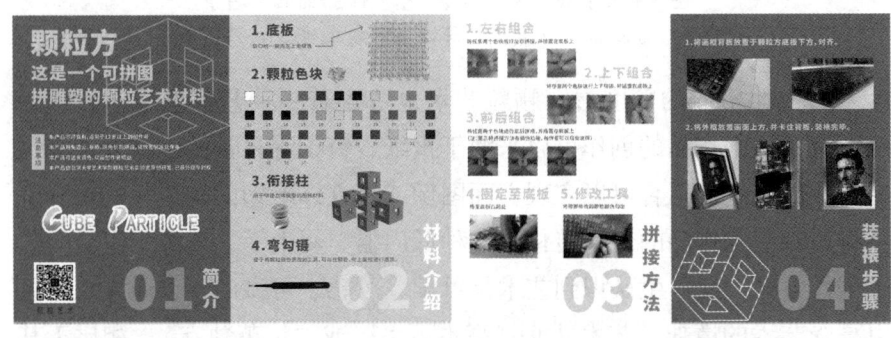

**图 5 颗粒方简介**

"颗粒方"非常契合颗粒艺术关键词——"视距"和"影像之下"，将艺术与科学以及时代联系起来，使创作者在作品中保留主观创造力和表现空间。它可作为传统美术中色彩构成训练的替代性教具，其创作过程可以训练手脑协调性。有别于其他同类产品，同一幅颗粒方作品所用材料可以呈现出不同的图景，从而形成不同的作品。它还具有透光性，以颗粒方为材料的作品可以呈现出与欧洲 12 世纪哥特式教堂彩色玻璃镶嵌画一样美妙绝伦的视觉效果，与光影关系密切（图 6）。"颗粒方"至今已经迭代数十次，并在持续迭代中。

**图6** 二十余人以一万多块颗粒方为材料,历时三小时创作的平面作品《艺术学院》

学生可以从"玩·颗粒方"中开启颗粒艺术之旅,并且随着理解的加深和经验的积累,开始尝试将一些个人化的审美经验、想法和创意通过颗粒艺术表达出来。学生可在颗粒艺术中感受发现自我、认识自我、激励自我、成就自我的过程。"颗粒艺术"课程和实验室吸引了不同学科专业背景的学生参与创作,为学生提供了更多的视角、学科知识、材料和灵感等来创作作品,形成了如以袁隆平、钟南山形象为原型的作品《医食无忧》(图7),这幅作品引发了学生深切的共鸣。

**图7**《医食无忧》的左视角、右视角,以及作品细节
(设计:王楠 制作:张嘉米 材料:骰子、树脂)

创作让参与者真切地感受到自身的主体性得到了锻炼和提升，并从观赏者转变为创作者。这一定位的转变也让学生对于艺术创作和艺术理论有了更深刻的认识。这些优秀的颗粒艺术作品，展现了学生的鲜活个体、观察视角、生活感悟和深入思考。每位学生在创作中都力图展现出自己独特的一面，深刻挖掘自我存在的价值与意义。

在短短两年间，选修"颗粒艺术"课程的学生已覆盖全校近30个院系。这些学生践行着实验室的宗旨：任何人，无论何时何地，利用任何物质，通过颗粒艺术定律来创造美。作为教具的"颗粒方"，在他们的眼里、手中幻化出更多可能：他们用算法编程给艺术创作插上科技的翅膀；用地空学院师生田野调查采集回来的，已经完成了科学实验使命的石头创作以地空学院标语"脚踏实地，仰望星空"为主题的系列作品；用以移液枪枪头为材料的创作来反映材料学人的科学家精神（图8）……"颗

图8 2024年6月，材料学院30余名研究生耗时30天使用21600个1毫升移液枪枪头创作的颗粒艺术浮雕装置作品《北大材料》

粒艺术"这门独特的"语言"让学生的艺术实践不仅有了方法，还有了方向和目标，它又被来自不同学科、不同专业的学生不断激活，给学生个体和"颗粒艺术"都带来了无穷生命力和无限可能性。

## 三、典型教学案例

自由地表达美的感念，平等地感受美的愉悦，是颗粒艺术实验室的追求和主张。秉承着这样的思想，"颗粒艺术"课程引导学生用多种"颗粒艺术"材料与形式进行创作尝试，并结出了累累硕果（图9）。

**图9 "颗粒艺术"选课学生的作品在美术馆中展出**

学生在教师的指导下，在课程内外，以生活感悟、社会问题、人生哲理作为艺术创作背景，对人文、社会、自然的关系进行解读，以结构、解构、重构的方式将思想转化为现实的艺术作品，作品形式涵盖平面图案、立体雕塑、定格动画、实验影像以及互动装置等。

哲学系熊思琪同学创作的颗粒艺术装置作品《蝶·混沌中心》（图10），以光子晶体为材料，将上千只蝴蝶组成一个风暴形态，试图将"微小与宏大""秩序与随机""结构与流变"呈现在同一片混沌之中。光子晶体是一种由不同折射率的介质周期性排列而形成的结构，其结构色本质是由微观颗粒的规则排列而产生的宏观色彩，自然界中的蝴蝶的翅膀、昆虫的甲壳等呈现的斑斓色彩，很多都是源于这种结构色。"我们都处在混沌的中心。"熊思琪这样描述，"蝴蝶扇动几下翅膀，可以引起一场风暴。人类总希望一切都是有序的、确定的、可预测的，但混沌

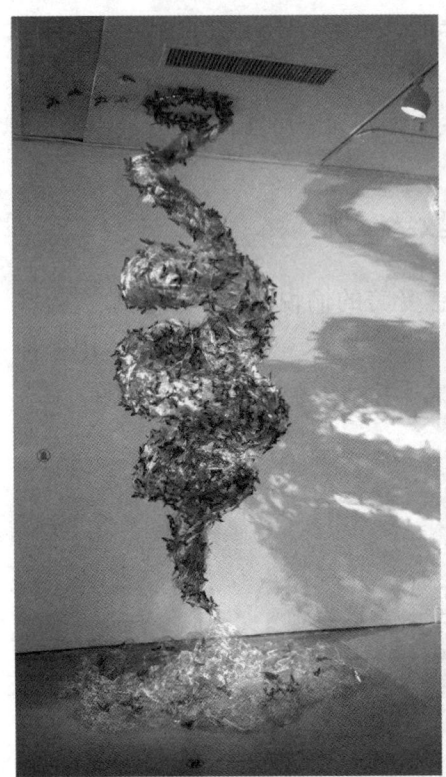

**图10 《蝶·混沌中心》**
（作者：熊思琪 合作者：莫善卿、杨明、苏萌、吴为
材料提供：中国科学院化学研究所绿色印刷实验室）

理论告诉我们，初始条件和细微的变化极易导致偏差。"这是熊思琪对人、对自然、对社会的哲学思考，艺术和化学在这个颗粒艺术作品中深度融合，颗粒艺术建构出混沌理论的全新载体，并进一步激活了其哲学内涵。

两位来自地空学院的学生将古生物的奥秘与艺术创作相结合，化恐龙的影子为羽翼，翱翔在时光的长河中。他们创作的颗粒艺术作品《腾飞》（图11）有两个视角：从水平45°视角看是美颌龙，它身姿矫健，是亿万年前陆地的霸主；从水平135°视角看是始祖鸟，它羽翼初展，是生物探索天空的先行者。二者一陆一空，编织出一个古老而神秘的世界。作者希望《腾飞》能让观众窥见中生代的辉煌，也希望表达对不断向前的生命力的赞美,更希望这幅作品能鼓励人们无论遇到何种困境,都要有勇气展翅高飞,挑战未知,追逐梦想。

**图 11 《腾飞》(两个视角)**

(作者:何可人、史耀阳 材料:颗粒方)

颗粒艺术在美育实践中实现了"科艺融合"。类似《蝶·混沌中心》《腾飞》这样的作品,"颗粒艺术"课程中并不少见。[①]两位分别来自信科和生科学院的学生以三阶魔方创作了双面立体图案装置《常为新》,心理学院学生用大头针创作了互动装置《时间》,两位化院学生合作创作了互动装置《循环再生》,等等。这些作品屡次在北大颗粒艺术展中展出,激励着创作者们以更大的热情投入学习和生活。

2022年,艺术学院与计算机学院联合主办了北京大学昌平新校区"计艺相通"艺术周,以颗粒艺术展作为主单元[②],通过五十余件作品具

---

[①] 北京大学艺术学院颗粒艺术实验室. 艺术与我,不止于我——2023【秋季】北京大学颗粒艺术通选课本科生作品精选[EB/OL].(2024-05-17)[2025-04-15]. https://mp.weixin.qq.com/s/iaVqi7xsg_-GJhbccsSHMA.

[②] 北京大学艺术学院颗粒艺术实验室. "粒光空影":北京大学昌平新校区"计艺相通"艺术周之主单元,暨第二届北京大学艺术学院颗粒艺术展[EB/OL].(2022-10-07)[2025-04-15]. https://mp.weixin.qq.com/s/kmR0WjkxdfwDp81GUMC2iw.

象化呈现"计艺相通""科艺融合"等概念，在昌平新校区、燕园校本部、医学部反响热烈（图12）。

**图12 北京大学昌平新校区"计艺相通"艺术周主单元颗粒艺术展**

实验室团队在彭锋教授带领下获得了国家艺术基金支持，获评国家艺术基金2023年度传播交流推广资助项目，开启了"一粒一世界——北京大学颗粒艺术展"（图13）全国巡展。2023年北大美育实践课"颗粒艺术"课程教学成果展在北京大学全球学生创新创业中心成功举办。①此次展览从策展、布展、企划、宣传到志愿讲解服务完全由师生亲手打造，为全国巡展打下了良好的工作基础，并获得了积极评价。颗粒艺术以及学生作品，借力官方社交媒体平台的海外传播渠道，实现了跨文化传播。

---

① 北京大学艺术学院颗粒艺术实验室. 展讯丨国家艺术基金传播交流推广资助项目"一粒一世界——北京大学颗粒艺术展"即将开幕[EB/OL].(2023-03-21)[2025-04-15]. https://mp.weixin.qq.com/s/muQOKu-dMURq2lksdDSiRA.

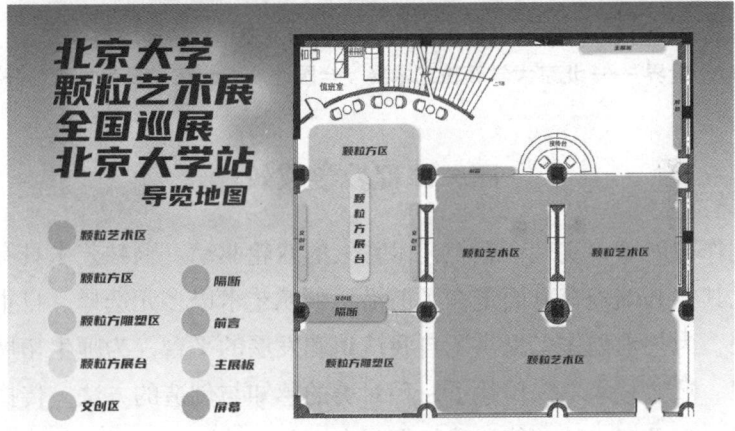

图13 "一粒一世界——北京大学颗粒艺术展"暨"颗粒艺术"课程教学成果展

2023年6月,"一粒一世界——北京大学颗粒艺术展"全国巡展在今日美术馆正式开幕(图14)。从微观世界的分子、细胞,到生活中肉眼可见的材料,再到抽象至简的、人人皆可创作的原创艺术材料"颗粒方",来自二十余个不同学科专业的师生,以身边的这些材料,利用颗粒艺术定律,创作出了一系列个性化的颗粒艺术作品。[①]策展人彭锋指出,"一粒一世界——北京大学颗粒艺术展"生动诠释了"人人都是艺术家"的艺术转向以及传统艺术的现代性变革。颗粒艺术的初心是与更多人分享艺术创作带来的生命体验,艺术为人人,人人可艺术。

---

[①] 北京大学艺术学院. 新闻 | 国家艺术基金传播交流推广资助项目"一粒一世界——北京大学颗粒艺术展"全国巡展今日美术馆站顺利开幕[EB/OL].(2023-06-19)[2025-04-15]. https://mp.weixin.qq.com/s/O5lr-hCVeXDWduR0wxFcUw.

图 14 国家艺术基金 2023 年度传播交流推广资助项目
"'一粒一世界——北京大学颗粒艺术展'全国巡展"北京今日美术馆站开幕式

## 四、课程教学成效

创作与展览，实现了颗粒艺术育人的双轮驱动。颗粒艺术具有前瞻性，尤其在基础美育方面走在了前沿。颗粒艺术以多元选择、自主发展为特征，为艺术创作者提供了自我认识和发展的平台，为师生拓展了创作空间。颗粒艺术不仅传达了一种对美的感知与创造的方法，传播了美学思想，更具有一种"能让我们聚集在一起，让陌生人成为好伙伴"的力量。颗粒艺术蕴含着巨大的发展潜力和探索空间。"颗粒艺术"系列课程和颗粒艺术系列展览现已成为艺术学院新生适应课、学生志愿服务、勤工助学、创意活动、艺术实践、实习就业、创新创业等综合性育人平台。除了有美育传统的课堂教学模式和第二课堂教学模式外，颗粒艺术展览开创了一种全新的综合型美育教学模式，标志着北大颗粒艺术在人才培养工作中探索出了一条新路。

为了让更多学生以更多样的形式参与进来，艺术学院在筹办系列颗粒艺术展的过程中，广泛发动学院内外学生。除选课学生外，学院还面向全校学生招募志愿者，以志愿服务为育人抓手，对志愿者和学生创作者提供导览培训，专门成立了艺术人导览团队，面向校内外各单位开放预约渠道，提供免费的导览服务。实验室鼓励志愿者在参加的导览培训基础上加入自己的理解和所思所想，用自己的话语完成志愿讲解工作，这突出了"人"是美育的主体，与作品所表达的内容一样鲜活可感。创作参展作品、参与策展和布展、志愿服务和讲解、参与组织开幕式、企划宣传、产业链创新创业实践等一系列的活动，使学生的综合素质得到了全面提升，这些活动在开展德育、智育、体育的同时也充分融合了美育与劳育，育人成效显著。

## 五、总结与思考

2023年6月2日，习近平总书记在文化传承发展座谈会上指出，在新的起点上继续推动文化繁荣、建设文化强国、建设中华民族现代文明，是我们在新时代新的文化使命。本课程教学团队自觉肩负起新时代新的文化使命，同时坚守为党育人、为国育才的神圣职责，引导大学生深刻认识并践行把马克思主义基本原理同中国具体实际、同中华优秀传统文化相结合。颗粒艺术作为新的艺术概念，其全新的文化载体形式已经生成。近年来的艺术创作和美育实践表明，文化传承创新的关键依旧是"内容为王"。

如果说颗粒艺术在美育形式方面的创新已经被人们广泛接受和认可，那么在内容方面的探索，也已经在课程、创作、实验、活动、展览中悄然展开。

2019年，实验室成功制作并推出了北大原创歌曲沙动画MV《等到毕业我再告诉你》（图15）[1]。沙动画视频包含的近300幅手绘沙画，是利用沙画表演、分层沙动画技法绘制而成的，制作总耗时超过800小时。此原创沙动画MV在北京大学2019年毕业典礼上首次面向全校师生播放，后又在北大官方微信公众号平台宣传推广，其精美的画面成为北京大学2019届毕业生们的共同记忆。

2022年，实验室又成功制作并推出了阿卡贝拉版沙动画MV《年轻人》（图16）[2]。该作品的特殊之处在于，这是沙动画首次与阿卡贝拉结合，是一次非常具有挑战性的尝试。北大阿卡贝拉清唱社的学生社员在

---

[1] 北京大学. 单曲循环！北大学子的毕业旋律，好听到不可思议. [EB/OL]. (2019-07-05) [2025-08-15]. https://mp.weixin.qq.com/s/5CrrnflnuTaB5_TPOzuWYg.

[2] 北京大学艺术学院. 青春许国：原创阿卡贝拉版沙动画MV《年轻人》北大师生致敬英雄 [EB/OL]. (2022-09-10) [2025-08-15]. https://mp.weixin.qq.com/s/69IgTkC-5hh0TqtxD2NhJw.

图 15 2019 年北大原创歌曲沙动画 MV
《等到毕业我再告诉你》画面截图

图 16 2022 年阿卡贝拉版沙动画 MV《年轻人》画面截图

作品中所演唱的不同的声部体现为不同的色彩、线条与颗粒,而人声在合成后得到的线性音轨恰恰与面性的颗粒影像不谋而合;形成的视听作品在时间与空间的关系下显得更加质朴、纯粹、自然,获得了师生的广泛好评。《年轻人》将抗美援朝战争中狙击战士的英雄事迹同当代奋战在芯片、航天、医学等各行各业的北大人形象巧妙联结,以综合性颗粒艺术作品的形式,把新时代青年的家国情怀淋漓尽致地表达了出来。

"颗粒艺术"系列课程一方面尝试将艺术与各个学科相结合,另一方面也尝试与青年工作、时代精神以及中华优秀传统文化相结合。这些有益探索,也在不断丰富和拓展着颗粒艺术教学、科研、人才培养、社会服务和文化传承创新的方法与内涵。颗粒艺术未来的发展方向是集美术、音乐、影视于一体的综合艺术学科,它将以全新的艺术观念和艺术形式,作为承载文化的新的载体,激活、活化中华优秀传统文化,实现文化的创造性转化、创新性发展。

# 艺术家工作坊：
# 顶尖艺术家引领的实践导向美育探索

李 洋

（艺术学院）

## 一、课程概况

北京大学艺术学院的艺术家工作坊，作为艺术硕士研究生课程体系的重要组成部分，秉持实践导向的教学理念，在顶尖艺术家的引领和带动下，激发学生的艺术创造力，着力构建独具特色的美育平台。自蔡元培先生时期以来，北京大学就致力于通过美育提升学生的综合素养，艺术学院在这一传统基础上不断创新。1997年成立的艺术学系秉持"道"与"技"并重的教育方针，在学科建设、理论研究和教师培养方面取得了显著成果。2006年，随着艺术学院的成立，学校进一步确立了培养复合型艺术人才的目标，随之开始招收专业艺术硕士研究生。艺术家工作坊即为这一培养体系的重要组成部分。

艺术家工作坊由知名导演、舞蹈家等担任导师（图1），由艺术硕士研究生团队负责日常运作，它打破了传统教学模式，强调学生的主体性和自主性。这种灵活而包容的教学模式，使学生在创作实践中获得了全面的成长和提升。通过一系列的实践与创新，艺术家工作坊已经成为北京大学艺术学院艺术硕士项目的一张亮丽名片。

工作坊的导师在各自领域都有着丰富的经验和卓越的成就。知名艺术家如陆川、刁亦男、万玛才旦等亲自授课，不仅传授专业知识，还分享创作经验和行业前沿动态，为学生提供全方位的指导。导师通过一对一指导、创作实践和案例教学等多种形式，帮助学生提升专业技能和创作能力。直接与顶尖艺术家交流不仅激发了学生的创作热情，还提升了学生的行业认知和人文素养，使其能够在与顶尖艺术家的交流中，掌握

图 1 工作坊代表性海报

前沿知识,增强创新思维。

艺术家工作坊还提供了丰富的创作实践平台。在这里,学生不仅是在学习一门艺术课程,更是在探索艺术创作的无尽可能。自设立以来,艺术家工作坊不断产出优秀作品,屡获国内外奖项,显示出课程的卓越成效。

## 二、课程设计理念

### （一）实践导向与跨学科融合的课程理念

艺术不仅是一种表达，更是一种思维方式。艺术家工作坊的设计特别注重跨学科的创意碰撞，强调学生在实际创作中的主体性和自主性。其整体设计理念强调"以实践为核心"，通过真实的创作环境激发学生的创造力，让学生通过具体的创作实践，在真实的创作环境中探索艺术的无尽可能。所以课程设计的第一要务是确保每一位学生都能在实践中体验和学习。同时，艺术家高度重视学生的主体性，鼓励学生积极参与课程设计和实施，在自主学习中获得成长。

艺术家工作坊邀请国内外顶尖艺术家授课，为学生提供了一个与艺术前沿直接接触的平台，使他们能够在专业实践中不断成长和提升。国际顶尖艺术家的加入，更是帮助学生拓宽了国际视野，使他们能够了解和掌握全球艺术前沿的动态。

参与艺术家工作坊的学生往往有着不同的学科背景和社会工作经验，不同的艺术领域在艺术层面又有着独特的联结。艺术家工作坊正是抓住了这种特点，通过跨学科的艺术碰撞，拓展了学生的艺术视野，从更广泛维度激发了学生的创作灵感。

### （二）培养复合型艺术人才的育人目标

艺术家工作坊的育人目标是培养具有广博人文视野、系统艺术知识、高水平创作技能和综合素养的复合型艺术人才。学生不仅仅是知识的接受者，更是知识的创造者，因此工作坊致力于通过学生对不同艺术形式的学习和实践，培养学生的审美情感和人文素养。

工作坊还特别注重培养学生的综合素养，通过多样化的课程内容和丰富的实践机会，帮助学生在广泛的艺术领域中实现个人发展，掌握系统的艺术理论和历史知识，为未来的创作实践打下坚实的基础，提升在各自艺术领域的创作能力，培养创新思维。

### （三）多样化与综合性的课程内容体系设计

艺术家工作坊的课程内容体系设计以多样化和综合性为原则，旨在为学生提供全面而丰富的学习体验。课程涵盖电影、舞蹈、音乐剧等多个领域，每一领域都配备了行业内的顶尖艺术家进行授课指导。

在电影领域，工作坊邀请了陆川、刁亦男、万玛才旦等知名导演，为学生提供了编剧、导演、摄影、剪辑等全流程的创作实践机会。学生可以在这些大师的指导下，从剧本的构思到成片的制作，全面掌握电影创作的每一个环节。在舞蹈领域，工作坊注重舞蹈创作和即兴表演，并邀请了知名舞蹈家（如侯莹）指导学生进行创作和表演实践。通过对身体的探索和对舞蹈语言的深刻理解，学生不仅能够提高舞蹈技能，还能增强对身体美学的理解和感受。在音乐剧领域，工作坊课程涵盖音乐剧创作的各个环节，为学生提供了全方位的创作实践机会。通过邀请国际知名艺术家、首位登上伦敦西区的中国音乐剧演员仲铠泽和英国戏剧艺术家 Rachel Wise 进行指导，学生可以在真实的舞台上展现自己的才华。

跨学科创作是工作坊课程内容体系设计的另一大亮点，旨在鼓励学生探索不同艺术形式的融合和创新。

### （四）创作实践与个性化指导的教学方法

工作坊强调实践导向，通过一系列具体的创作实践和个性化指导，帮助学生在真实的创作环境中学习和成长。在创作过程中，导师会通过一对一指导，帮助学生解决具体的创作问题，提供针对性的反馈和建议。

创作实践是教学的核心，通过具体项目和作品的创作，学生能够在实践中学习和成长。例如，音乐剧工作坊邀请了仲铠泽、Rachel Wise 指导学生进行音乐剧的创作和表演，从编曲到演出，为学生提供了全方位的实践机会，带领学生共同探索艺术表达。学生通过参与音乐剧的创作和演出，不仅提高了专业技能，还增强了团队协作能力和组织管理能力。

案例教学也是课程所采用的一种教学方法。师生共同分析和讨论经典案例，可以促使学生深入理解和掌握创作的原理和技巧。导师分享自己的创作经验和心得，可以激发学生的创作灵感和思维。

### （五）顶尖艺术家与丰富实践平台的特色教学资源

艺术家工作坊的特色教学资源包括顶尖艺术家团队、丰富的实践平台和多样化的教学资源。国内外知名艺术家的加入为课程注入了新的活力。

工作坊通过与各大艺术机构和企业合作，为学生提供了丰富的实践平台和创作机会。学生可以在这些平台上展示自己的才华，参与实际项目的创作，从而获得宝贵的实践经验。这些实践平台不仅为学生提供了真实的创作环境，还为他们未来的职业发展提供了重要的支持。

艺术家工作坊还提供了包括经典作品、创作案例、理论书籍等在内的丰富的学习资源，帮助学生在理论和实践中不断提升知识技能和学科素养。

### （六）多维度的教学评价策略

艺术家工作坊注重过程评价和多维度评价，结合学生的创作实践、理论学习和综合表现，对学生的学习效果和创作水平进行全面评估，确保教学效果得到更全面的考量。导师通过定期的学生作品展示和评比，评估学生的创作水平和进步情况。导师在创作过程中提供即时的反馈和指导，可以帮助学生不断改进和提升。学生之间的互评也是教学评价的重要环节。通过互评和讨论，学生相互交流创作经验和心得，相互学习、共同成长。

## 三、典型教学案例

### （一）侯莹舞蹈工作坊：身体与空间的艺术表达

侯莹舞蹈工作坊是艺术家工作坊的亮点之一，由旅美舞蹈家侯莹亲自指导。教学核心是"侯氏身体运动原理"，这是一种强调意识与身体联结的独特运动理论。学生需要感受身体每一个关节与肌肉的觉醒，即使是最基础的舞蹈动作，如旋转，也需要通过特定的力学方法和哲学内涵来完成。侯莹引导学生利用自己的身体构建和描绘空间，探索更多未曾尝试过的可能性（图2）。

在侯莹的理念中，创作是一系列的选择，而舞蹈则是在某些条件下对身体运动意图的表达。她强调，舞蹈不仅仅是"跳"，还通过空间、时间、节奏和关系的层次，在动与静、快与慢、分与合之间彰显艺术的魅力。每一个动作都是内心意志的外化，每一个节拍都奏响生命的韵律，每一次呼吸都是内在精神的陈述。

侯莹舞蹈工作坊不仅在技术上提升了学生的舞蹈能力，还在艺术思维和表达上给予了他们新的启发。比如，2019级音乐艺术硕士研究

**图 2 侯莹舞蹈工作坊授课现场**

生毕玥蓁分享道:"工作坊中的空间和身体练习让我放下了对创作能力的焦虑,敢于尝试新的可能性。"2020级音乐艺术硕士研究生屈欣悦表示:"现代舞没有古典舞那么规整,也没有民族舞那么风格鲜明,但它表达了属于自己的独特艺术。"

通过侯莹舞蹈工作坊课程学习,学生不仅学到了舞蹈技巧,更重要的是,学会了如何通过身体表达内心的思想和情感。这种教学方法也增强了学生的艺术理解力和创造力。

### (二)万玛才旦导演工作坊:讲述生活的力量

万玛才旦导演工作坊通过编剧、拍摄和剪辑三个创作阶段,为学生提供一对一的个性化指导。万玛导演强调,短片不同于长片电影,其剧作和拍摄方式更加简洁有力。作为处女作,短片创作可以从创作者自身的生活中汲取养分,通过描绘熟悉的场景和生活状态,构思简短而深刻的故事,探讨单一主题,实现高性价比的自在表达。

万玛才旦在指导过程中,鼓励学生从生活中获得灵感。例如,万玛才旦导演作品《气球》的灵感便来源于偶然在中关村看到的一个红气球。他还强调,不需要刻意选择电影类型,只要对生活保持敏感,任何国家和类型的电影都可以成为创作的养料。

两位2020级电影艺术硕士研究生分享了学习心得。其中，严婧瑞表示："扎实讲好一个故事非常重要，好故事来源于生活，创作需要韧劲和敏感。"陈兆中则表示："万玛导演话不多，但他的作品却充满了深刻的思想。"

万玛才旦导演工作坊不仅在技术上提高了学生的电影创作水平，更在艺术思维上给予他们深刻的启发（图3）。学生学会了如何从生活中汲取灵感，讲述有力而真实的故事，这对他们未来的创作具有深远的影响。

**图3 万玛才旦导演工作坊授课现场**

### （三）刘苗苗编剧工作坊：从文学到剧本的改编艺术

刘苗苗编剧工作坊则专注于从文学作品到影视剧本的改编。刘苗苗通过电影《红花绿叶》的放映和交流，为学生展示了原著小说改编为剧本的全过程。她分享了关于背景设定、视角选择和元素取舍等方面的宝贵经验。

在工作坊中，刘苗苗对每位学生提交的剧本作业进行了详细的批注和指导，强调了剧本中的"气氛指标"这一关键点。她详细分析了学生作业中的台词语气、情境逻辑和时空设定等细节，并提出了具体的修改建议。

2020级电影艺术硕士研究生姜锋分享道："刘老师对每次提交的剧本都给出了详细认真的反馈，让我在创作中不断精进。"李辉则表示："刘老师能够敏锐地发现我们剧本中的问题和闪光点，她毫无保留地将创作智慧传授我们，这是这次工作坊带给我的最大的收获。"

刘苗苗编剧工作坊通过详细的指导和实际的案例，帮助学生掌握了从文学作品到影视剧本的改编技巧，提高了学生的编剧能力。

这些典型教学案例展示了艺术家工作坊独特的教学方法和创新的教育理念。无论是侯莹舞蹈工作坊、万玛才旦导演工作坊，还是刘苗苗编剧工作坊，每一个工作坊都通过实际的创作实践和个性化的指导，帮助学生在艺术领域不断成长和提升。工作坊不仅提高了学生的技术技能，还在艺术思维和表达上使他们获得了新的启发和深刻的理解。

## 四、课程教学成效

### （一）百花齐放：艺术家工作坊优秀作品频出

艺术家工作坊自设立以来，至今已经成功举办18期（表1），在提升学生审美和人文素养方面取得了显著成效，学生在艺术表达和批判性思维方面也取得了显著进步。

表1 艺术家工作坊历届主题与成果

| 编号 | 时间 | 项目主题 | 领域 | 导师 | 人数 | 成果类型及数量 |
| --- | --- | --- | --- | --- | --- | --- |
| 1 | 2019年10月 | Movement for Film; Music and Movement Improvisation | 电影/音乐 | Rachel Wise | 51 | 汇报演出 |
| 2 | 2019年11月 | 音乐人工——宋雨喆工作坊 | 音乐 | 宋雨喆 | 40 | 15份音乐创作作品 |
| 3 | 2019年11月、12月 | 定格动画——理论与实践 | 电影 | 周圣崴 | 33 | 9部定格动画短片 |
| 4 | 2019年12月 | 人工智能与艺术设计 | 人工智能创作 | 高峰 | 22 | 10份人工智能艺术设计方案 |
| 5 | 2020年10月 | 舞蹈即兴创作 | 舞蹈 | 侯莹 | 20 | 20段一分钟即兴舞蹈 |
| 6 | 2020年10月—12月 | 导演功课 | 电影 | 万玛才旦 | 10 | 6部剧情短片 |
| 7 | 2020年11月—2021年1月 | 编剧工作坊 | 电影 | 刘苗苗 | 10 | 10份30分钟短片剧本 |

（续表）

| 编号 | 时间 | 项目主题 | 领域 | 导师 | 人数 | 成果类型及数量 |
| --- | --- | --- | --- | --- | --- | --- |
| 8 | 2020年12月—2021年7月 | 导演讲习所 | 电影 | 陆川 | 30 | 5份剧本策划 |
| 9 | 2021年4月 | 声音编辑工作坊 | 电影/音乐 | 李焱 | 15 | 10份声音创作作品 |
| 10 | 2021年4月—5月 | 电影配乐创作 | 电影/音乐 | 乔杨 | 15 | 10份一分钟音乐编曲作品 |
| 11 | 2021年5月—6月 | 电视编导工作坊 | 电视 | 王锋 | 20 | 10份舞台综艺节目制作方案 |
| 12 | 2021年11月 | 电影配乐创作 | 电影/音乐 | 乔杨 | 15 | 10份一分钟音乐编曲作品 |
| 13 | 2021年11月 | 影视声音设计 | 电影/音乐 | 李焱 | 20 | 10份声音创作作品 |
| 14 | 2021年12月 | 音乐剧工作坊 | 音乐剧 | 仲铠泽 | 15 | 音乐剧汇报演出 |
| 15 | 2021年12月—2022年1月 | 导演工作坊 | 电影 | 刁亦男 | 10 | 5部15分钟剧情短片 |
| 16 | 2022年9月 | 电视编导工作坊 | 电视 | 王锋 | 10 | 10份舞台综艺节目实践心得 |
| 17 | 2022年10月 | 舞蹈即兴创作工作坊 | 舞蹈 | 侯莹 | 20 | 20段一分钟即兴舞蹈 |
| 18 | 2023年4月 | 电视编导工作坊 | 电视 | 王锋 | 10 | 10份舞台综艺节目实践心得 |

通过在艺术家工作坊的学习和训练以及艺术家的悉心指导，学生创作出了一系列具有深度和艺术价值的作品。这些作品就是艺术家工作坊教学成效的最好例证。

电影方面，万玛才旦导演工作坊的学生作品《i》《马四毛》，以及刁亦男导演工作坊的学生作品《剪她十五岁的发》《连枝》《变声期》入围国内外诸多电影节并斩获奖项。广播电视方面，王锋工作坊的学生通过参与央视综艺节目策划与制作，拓展了节目制作思维，并丰富了创作实践经验。音乐剧方面，学生通过参演多部大型音乐剧作品，如《愚公移山》《大钊先生》，将工作坊所学知识运用于舞台之上，将中华优秀传统文化和民族精神传递给广大观众。这些成果，都是艺术家工作坊在培养学生创作能力和艺术素养方面成功的印证。

### （二）广受赞誉：学生、同行与社会的高度评价

作为艺术家工作坊最大的受益者，学生对这一课程的评价非常高，他们普遍认为通过参与工作坊，不仅学习到了专业知识和技能，还体验到了创作的乐趣和挑战。学生普遍表示，工作坊的实践机会让他们更加深入地理解了艺术创作的过程，增强了解决实际问题的能力。

同行专家对工作坊的教学质量给予了肯定。他们认为，工作坊的课程设置合理，能够满足学生多样化的学习需求，同时也能够激发学生的创造力和批判性思维。

通过各种媒体渠道的报道，社会大众了解到了工作坊的教学成果，对学生的创作才能和工作坊的教学模式表示赞赏。《中国电影报》评论道："北京大学艺术家工作坊通过实际创作和名师指导，培养了一批具有广博人文视野和高水平创作技能的艺术人才，这是对我国艺术教育的一次有力推动。"《舞蹈杂志》指出："侯莹舞蹈工作坊不仅提升了学生的舞蹈技能，更帮助他们在身体美学和创作思维上有了新的突破，这是非常值得借鉴的教学模式。"

## 五、总结与思考

美育在全面发展人才培养体系中的重要地位毋庸置疑。它不仅是培养学生艺术技能的重要途径，更是提升学生审美情趣和人文素养的关键。

艺术家工作坊作为美育课程体系的重要组成部分，通过顶尖艺术家的引领和实践导向的教学方法，取得了显著的成效。它不仅为学生提供了与艺术大师直接交流的机会，还通过创作实践激发了学生的创作热情和创新思维。在这一过程中，学生的专业技能、审美水平和综合素养都得到了全面的提高。

大学的美育课程在设计上要注重多样性和综合性，课程内容应当涵盖不同的艺术形式和文化背景，使学生能够接触到丰富多彩的艺术世

界。此外，课程内容还应紧跟时代发展的步伐，融入当代艺术创作的前沿动态。

教学方法是美育课程成败的关键所在。实践导向的教学方法，能够让学生在真实的创作环境中学习和成长。艺术家工作坊通过一对一指导、创作实践和案例教学，帮助学生在实际操作中提升创作能力和审美能力。同时，个性化指导也是提升教学效果的重要手段。每个学生在艺术创作中都有其独特的思维和表达方式，教师应根据学生的特点和需求，提供个性化的指导和反馈，帮助他们发现并发挥自己的创作潜力。

教学资源和环境是美育课程实施的基础。高校应当充分利用自身的学科优势和社会资源，为美育课程提供丰富的教学资源和实践平台。艺术家工作坊通过与各大艺术机构和企业合作，为学生提供了丰富的实践机会和创作平台，使他们能够在真实的创作环境中学习和成长。同时，高校应当重视美育教学环境的建设，提供良好的创作空间和设施，支持学生的艺术创作活动。良好的教学环境不仅能够提升教学效果，还能激发学生的创作热情和灵感。

展望未来，艺术家工作坊将在以下几个方面继续努力，进一步提升课程质量和影响力。第一，继续加强与国内外知名艺术家的合作，不断引入最新的艺术创作理念和实践经验，为学生提供更加多元和前沿的学习资源。第二，进一步完善创作实践平台，增加项目和作品展示机会，让学生在真实的创作环境中不断成长。第三，持续优化教学环境，建设更多舒适和富有创意的创作空间，激发学生的灵感和热情。工作坊期望进一步拓展项目的影响力，实现跨院系、跨学校、跨领域的全面创新实践，加强与兄弟院校的交流合作，实现艺术与其他行业的强强联合；通过与不同领域的专业人才合作，融合更多学科的视角，实现美育"网格化"，加速美育资源的共享，从而推动美育在更广泛的知识体系中发展。第四，艺术家工作坊将同社区活动和中小学美育实践相结合，扩大美育的受众范围，让更多人享受到艺术的乐趣，提升国民的文化底蕴。

# "以学生为中心"的书法工作坊教学设计与创新

白 锐 韩英红

(医学人文学院)

## 一、课程概况

"中国书法审美与临摹入门"是北京大学医学部的一门公共选修课，自2021年春季开课至今已开设10轮，由医学人文学院美学与艺术教育中心副主任、中国书法家协会理事白锐担任主讲教师。为激发医学生的学习兴趣，教师根据医学生的学情特点，对课程进行精心设计，将课程分为理论与实践两个部分，一方面以古代经典书法作品为例，带领学生从欣赏者的角度感悟中国书法的独特魅力；另一方面采用"书法成品模拟"的教学方式，让零基础的学生也能创作书法作品。课前教师把精心挑选的中华传统格言、医学名言，用历代名家经典范字的形式集字，学生在课堂练习时实现临摹和创作一体化，由此让书法学习变得生动有趣。同时，除了课堂学习，书法社团以及书法工作坊教学也对书法教学效果起到全方位的提升作用。

经过3轮授课后，为了更好地培养医学生对中华美育精神的追求、对心灵之美和医德之美的追求，提高医学生的审美想象力和创造力，教师以书法工作坊教学为例，"以学生发展为中心"设置课程、"以学生学习为中心"展开教学、"以学习效果为中心"进行课程评价，对既有的美育课程进行教学改革，探索医学生美育课程的创新设计。

## 二、课程设计理念

### （一）构建"以学生为中心"的课程体系

以学生为中心的教学方法，即"Hands-on Inquiry Based Learning"，

国际上统称为"探究式科学教育"。美国著名心理学家卡尔·罗杰斯（C. R. Rogers）于1951年首先提出"以学生为中心"的观点。其后历经发展，到20世纪90年代，国际上越来越多的高校从偏重教学条件的投入性评估转向侧重教学成效的产出性评估，即以学生为中心来开展教学。具体而言，以学生为中心的教学方法有三个重要的里程碑式的成果，分别是巴尔（R. B. Barr）和塔格（J. Tagg）所著的《从教到学：本科教学新范式》、美国心理学会（The American Psychological Association，APA）教育事务委员会工作组提出的"以学生为中心"14条心理学原则，以及韦默（D. Weimer）所著的《以学习者为中心的教学》。这三项成果对以学生为中心的教学进行了比较集中的阐述。1998年，联合国教科文组织在世界首届高等教育大会宣言中提出，"高等教育需要转向'以学生为中心'的新视角和新模式"。此后，"以学生为中心"的教学理念开始广泛地影响国际教育教学实践，特别是在课程体系建设方面。

在我国，"以学生为中心"的教育理念针对高校教育主要是指要从"课堂、教师、教材"的"旧三中心"向"学生、学习、学习过程"的"新三中心"转变，真正关注学生的学习。具体而言，包括三个要点：以学生的发展为中心、以学生的学习为中心、以学生的学习效果为中心。由此，在医学生的美育课程中，如何真正做到"以学生为中心"，是本案例主要探讨的内容。

**（二）设置"以学生发展为中心"的书法工作坊**

1. **"三全"美育金字塔教学模式。**《关于全面加强和改进新时代学校美育工作的意见》（以下简称《意见》）指出，要深化教学改革，逐步完善"艺术基础知识基本技能+艺术审美体验+艺术专项特长"的教学模式。《意见》为当前各级各类学校的美育工作指明了方向，北大医学部据此进行美育课程设置，即"以学生发展为中心"设置美育课程"金字塔"体系，努力实现师生结合的"三全"美育金字塔教学模式（图1）。

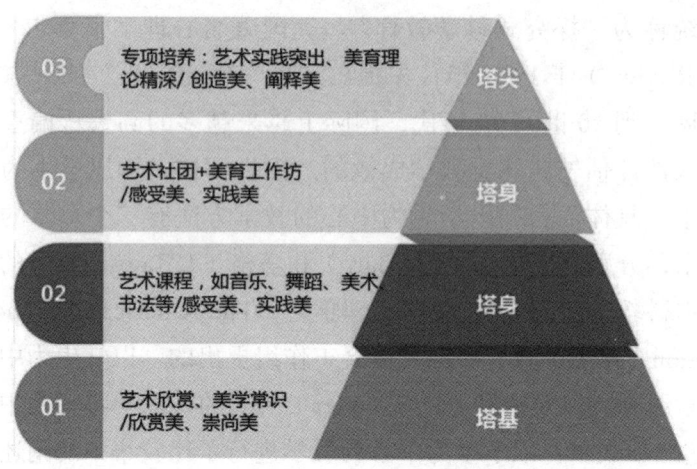

图1 "三全"美育金字塔教学模式

"三全"美育包括以艺术欣赏、美学常识等基础知识为主的第一课堂，聚焦以艺术基本技能训练为主的美育课程和以艺术审美体验为主的社团、工作坊教学的第二课堂，以及对艺术实践特长生和对美育理论有精深研究的学生展开专项培养的第三课堂。这种模式贯彻尊重兴趣、发扬个性、因材施教的教学理念，真正做到"以学生为中心"。其中，位于"塔身"第二课堂中的"美育工作坊"便是本案例讨论的重点——书法工作坊。

**2. 书法工作坊教学设计。**书法工作坊"以学生学习为中心"开展教学，以"学"为根本，"教"为"学"服务，强调学是目的，教是手段。具体通过以下两个方面展开。

（1）书法工作坊的教学设计："思政+医学"

①思想引领：美育+思政

课程思政是构建全员、全程、全课程育人格局的关键路径，核心在于推动各类课程与思想政治理论课同向同行，形成协同效应。在书法工作坊的教学设计中，教师着意突出思政元素的融入，实现"美育"与"思政"的深度融合。

在工作坊的实地教学环节中，教师带领学生走进展厅，参观为庆祝党的二十大胜利召开而举办的书法展览，零距离感受书法大家的创作理念，一方面欣赏书法艺术，一方面在思想上得到升华。同时，在课堂教学中，教师有意识地融入"新四史"的内容，即党史、新中国史、改革开放史、社会主义发展史，以提升学生的思想高度和政治站位。

②植根专业：美育+医学

书法工作坊在教学安排上还注重结合医学生的专业特点，例如，在学生书法作品的内容选择上，除了经典诗词佳句，工作坊还为医学生准备了与专业密切相关的内容（图2）。通过这些内容的选择，医学生在美育实践过程中培育了职业精神，涵养了职业情怀，深化了专业认同感、责任感和使命感。

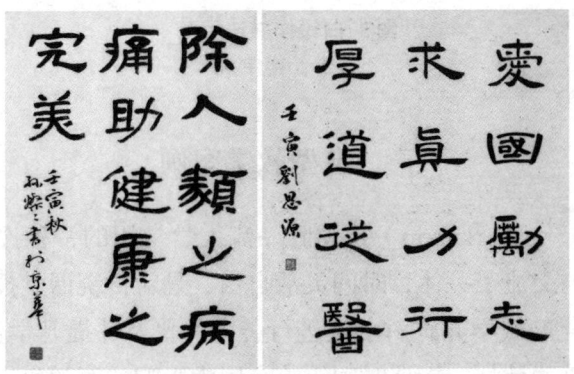

图2 孙灿灿、刘思源同学书法作品
（摄影：白锐）

（2）书法工作坊的实践设计：示范与体验深度融合

书法工作坊在教学中强调学生审美体验，旨在提高学生对书法文化的理解力、对书法艺术的审美感知力、书法的表现力及书法创意实践等素养。一方面，教师要给学生讲授书法欣赏技巧和有关书法史的基本知识；另一方面，由于美育课程的特殊性，在"以学生学习为中心"的教学过程中，教师要为学生示范书法创作过程（图3），并进行一对一辅导，鼓励学生用心临摹、大胆创作。学生在观摩教师示范与自我艺术实践的过程中，切实感受艺术之美，实现"知行合一"。

另外，除了线下课程外，书法工作坊还通过线上学习的形式，延伸美育广度。教师团队自行录制书法临摹创作视频，甄选书法类网站上的临创视频，为学生提供形式多样、时间灵活、个性定制的书法课程资源包，拓宽美育学习的路径，延伸美育教学的广度。

**图 3 白锐作书法示范**
（摄影：谢宇航）

## 三、典型教学案例

"工作坊"（Workshop）是国际一流大学常用的一种授课方式，集授课、练习与交流于一体，时间灵活自由，是对传统课堂授课的有益补充，以多元化的教学方式对学生进行美育的普及并提升学生审美素养。特别是对受培养计划、授课时间等综合因素影响的医学生来说，工作坊教学模式可以弥补美育课时的不足。

基于此，乘北大医学办学 110 周年的东风，教学团队在既有的美育课程基础上举办了书法工作坊暨庆祝北大医学办学 110 周年学生书法展。书法工作坊教学通过"实地教学""课堂教学""展览展示""美化校园"等形式展开多维度教学活动，如图 4 所示。

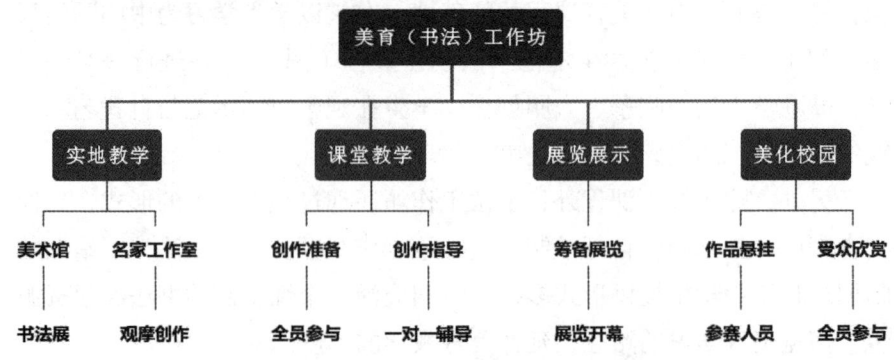

**图 4 书法工作坊的多维美育创新课程体系**

**实地教学**：蔡元培先生曾提出学校、家庭和社会都是普及美育的场所，陈列品可作为公众美育的重要媒介。走进美术馆、博物馆等场所展开教学，具有直观性、生动性、现场感等特点。在书法工作坊教学过程中，教师带领学生走进中国国家博物馆、中国美术馆、中国国家画院美术馆等展馆，欣赏精彩纷呈的艺术展。经过教师的用心讲解，学生对博大精深的书法艺术有了更加真切的感悟。

在书法工作坊活动期间，教师带领学生前往国家博物馆观摩"摩崖上的中兴颂——永州摩崖石刻拓片展"，如图5所示。摩崖石刻作为中华悠久历史与独特文化的浓缩，见证了自北朝时期以来的朝代变迁，承载了文人墨客的精神追求，展现了中华民族独有的思想观念和人文精神，是中华优秀传统文化的重要组成部分。学生通过观摩此次摩崖石刻展，身临其境地感受到中华优秀传统文化的创造性转化、创新性发展，提升了对书法艺术的审美感知力、创造力。

**图5 书法工作坊学生到国家博物馆展开实地教学**

（摄影：张新）

**课堂教学（艺术创作）**：书法作品是庆祝北医办学110周年学生书法展的核心组成部分。通过实地考察，学生开阔了视野，启迪了心智，为书法创作做好了准备。书法工作坊先后邀请了在当代书法界颇有影响力的三位专家学者来到书法教室，对学生进行一对一的个性辅导。三位老师在尊重学生个性的前提下，分别对内容选择、书体使用、小稿拟定、作品创作、初稿调整、作品完成等方面进行悉心指导，最终助力参加工作坊的每位学生都创作出了满意的作品（图6）。虽然有些作品还略显稚拙，但对于非专业的医学生而言，这样的创作体验使自身的书写水平实现了质的飞跃，意志品格得到了磨砺与提升。

**图6 书法工作坊学生创作现场**
（摄影：白锐）

**展览展示**：经过装裱、布展、作品集印刷等系列工作，2022年10月26日，"厚道北医·致敬北大医学办学110周年——师生书法展暨予捷美育室藏品展"在淑范医学图书馆成功开幕（图7—9）。超越原定计划的是，展览不仅有学生的书法作品，还增加了特展作品与教师书法作品。这对全校学生来说，是一次难得的学习机会。学校档案馆贡献出了珍藏多年的由启功先生题写的校风、学风，欧阳中石先生题写的"厚道"。同时，还特邀当代书法界具有代表性的大家如沈鹏先生、邵大箴先生、胡抗美先生、郑晓华先生、张继先生等的作品参展，另有诺贝尔文学奖获得者莫言先生的自作联等。近距离欣赏书法界名家的书法精品是极具教学价值的美育教学环节，体现了展览组织者"以学生为中心"的策展理念。展览同时还推出线上VR全景展厅，以便无法到达现场的师生观摩展览。

图 7 书法工作坊的老师和同学们共同观展

（摄影：谢宇航）

图 8 白锐老师为书法工作坊的同学们进行作品导赏

（摄影：谢宇航）

图 9 "厚道北医·致敬北大医学办学110周年书法展"现场

（摄影：白锐）

**美化校园**：展览结束后，学生的书法作品被悬置于逸夫教学楼公共区域，一方面可以美化校园环境，另一方面也可以增强学生的自信心、自豪感（图10）。逸夫教学楼516书法教室外的"书法空间"，已成为校园文化中一道亮丽的风景线，发挥了以美育人、以美化人、以美培元的作用。

图10 逸夫教学楼516书法教室外的"书法空间"

（摄影：白锐）

## 四、课程教学成效

课程结束后，教学团队通过问卷和访谈收集学生的评价反馈。问卷结果显示，学生对书法工作坊的教学内容、教学形式、教学效果等满意度都较高，书法工作坊的教学成效较为明显。教学团队还对学生进行了访谈，现选取具有代表性的访谈记录。

郝同学："厚道北医"书法展的举办正乘北医办学一百一十周年与新图书馆落成之兴。能在这样一场具有特别意义的书法展中展出作品，我感到非常荣幸。我学习书法时间本就不长，练习书法的时间更少，创作起来常觉捉襟见肘，这次在白锐老师的鼓励和指导下完成作品，为北医一百一十岁生日献上一份祝福的同时，也是对自己的激励与磨炼。

廖同学：十分感谢书法工作坊白锐老师的鼓励和指导，让学艺不精的我能够挑战自己，最终完成作品的创作。更需要感谢的是北医的教育教学带给我创作的灵感和感悟,"百般疾病手中除,心为济世挽沉疴"便是北医百余年来无数良师良医的精神写照,也是我们医学生未来应有的责任担当。

## 五、总结与思考

书法工作坊以北大医学办学110周年为契机,教学主题鲜明,与日常教学活动有很大的区别,也是探索新医科背景下医学生美育教学新模式的一种尝试。书法工作坊教学模式有三大创新点。

### (一)注重学习产出,以成果为导向

"工作坊"的教学方式相比课堂教学而言,更加轻松、活泼,教师可利用课余时间与学生进行深度互动与交流。书法工作坊以成果为导向,引导学生在愉快的氛围中提高书法欣赏水平与创作能力,并了解书法展览的全过程。

### (二)封闭课堂转向开放课堂

相对于传统的美育课程,即在固定教室、固定时间内完成既定教学内容,书法工作坊的教学模式是一种在时间、空间和内容上都更加开放的教学模式。时间开放是指教学从课内向课外延伸,线上线下混合开展。空间开放是指学生从教室走进实体或线上的美术馆、博物馆。内容开放是指教学在既有的教师讲解的基础上,增加书法实践环节,增强课程的参与度和体验感。

### (三)实践课堂转向展厅教学

书法工作坊借助线上VR全景展厅,通过线上线下相结合的教学模式,带领学生零距离欣赏书法泰斗的精品力作,观赏学生创作的精美作品,由此展开探讨与切磋,引发共鸣与思考,取得事半功倍的学习效果。

总之,美育是集人文教育、审美教育、情感教育于一体的综合性教育体系。"以学生为中心"的书法工作坊通过构建适合医学生发展的美育课程体系,既激发了医学生对中华美育精神的追求,更培育了其对心灵之美和医德之美的追求。在今后的教学过程中,教学团队将持续贯彻

"以学生为中心"的教育理念，让医学生对中华美育精神有更深刻的领悟，并且在美的熏陶下，培养正向情感、愉悦身心，最终成长为人格健全、德才兼备的医务工作者。

附：

1. "厚道北医·致敬北大医学办学110周年——师生书法展暨予捷美育室藏品展"线上VR全景展厅链接：https://3dxy.bjmu.edu.cn/shufa2022/.

2. "厚道北医·致敬北大医学办学110周年——师生书法展暨予捷美育室藏品展"案例视频资料（百度网盘，提取码：d2bt）：https://pan.baidu.com/s/1BTpQ0hQ27P7KLWxoBOj4wg?pwd=d2bt.

# 小课堂、大美育
## ——书法实践教学的建构与探索

张 岩

(学生资助中心/哲学系)

## 一、课程概况

为积极响应国家美育改革的号召,落实北京大学美育改革创新要求,全面贯彻"五育并举"育人理念,稳步推动美育融入育人全过程,为学生提供多元化学习平台和机会,学生资助中心面向全校受资助学生开设"燕园起航·笔墨生辉"书画兴趣课程。本课程致力于引导学生从中国经典书画艺术中体悟崇高意境,弘扬中华优秀传统文化。

其中的书法课程,授课对象为非艺术类专业的学生,定位为书法美育实践领域的入门课程。本系列课程包括篆书、隶书、楷书、行书、草书五种书体的教学,选择具有代表性的典范书家和代表作品,通过理论讲解与实践练习,使学生在掌握书法技能的基础上,系统学习中国书法史,深入了解中华优秀传统文化精髓,同时加强校园文化建设,推动校园美育实践。

授课内容秉承"理论和实践相结合"的理念,突出实践导向。书法理论教学将帮助学生初步了解书体的特点及其形成的社会背景,建立对中国书法史中书体发展总体概况的认知;重点以经典碑帖为个案进行研究,由此导入书体的学习;通过经典作品赏析,引导学生感悟中国书法的魅力,提升传统文化审美素养。此外,本课程重视书法实践,通过临习要点的讲解与示范,使学生掌握各种书体的书写要领。

## 二、课程设计理念

党的二十大报告强调,"推进文化自信自强,铸就社会主义文化新辉煌",并对建设社会主义文化强国作出了战略部署。①2025年4月,习近平总书记在《求是》杂志上发表重要文章《加快建设文化强国》,强调要不断发展具有强大思想引领力、精神凝聚力、价值感召力、国际影响力的新时代中国特色社会主义文化。②

2020年10月,中共中央办公厅、国务院办公厅印发《关于全面加强和改进新时代学校美育工作的意见》,其中指出到2035年,基本形成全覆盖、多样化、高质量的具有中国特色的现代化学校美育体系。③2023年12月,教育部印发《教育部关于全面实施学校美育浸润行动的通知》,提出到2027年,美育课程教育教学质量全面提升,推动形成全覆盖、多样化、高质量的具有中国特色的现代化学校美育体系。④

在国家建设文化强国的大力举措下,代表中华优秀传统文化精髓和宝贵遗产的书法日益受到重视。近年来,中高考增设书法考题,助推"书法进课堂"。2021年,教育部针对十三届全国人大四次会议中"关于落实书法进课堂的建议"作出答复,提到书法是中华优秀传统文化的重要组成部分,教育部、财政部高度重视以书法为重要载体的中华优秀传统文化的传承教育,并总结了针对中小学书法教育开展的工作。⑤书

---

① 杨其滨. 铸就社会主义文化新辉煌 [EB/OL]. (2023-05-04)[2025-07-30]. http://theory.people.com.cn/n1/2023/0504/c40531-32677740.html.

② 习近平. 加快建设文化强国 [EB/OL]. (2025-04-15)[2025-07-30]. https://www.gov.cn/yaowen/liebiao/202504/content_7018749.htm.

③ 中华人民共和国中央人民政府. 中共中央办公厅 国务院办公厅印发《关于全面加强和改进新时代学校体育工作的意见》和《关于全面加强和改进新时代学校美育工作的意见》[EB/OL]. (2025-10-15)[2025-07-30]. https://www.gov.cn/zhengce/2020-10/15/content_5551609.htm.

④ 中华人民共和国教育部. 教育部关于全面实施学校美育浸润行动的通知:教体艺 [2023]5号 [A/OL]. (2023-12-20)[2025-07-30]. https://www.gov.cn/zhengce/zhengceku/202401/content_6924205.htm.

⑤ 中华人民共和国教育部. 对十三届全国人大四次会议第5576号建议的答复:教体艺建议 [2021]545号 [A/OL]. (2021-11-02)[2025-08-01]. http://www.moe.gov.cn/jyb_xxgk/xxgk_jyta/jyta_twys/202111/t20211102_577149.html.

法教育在大中小美育教学中具有非常重要的地位。

自 2021 年开始，学生资助中心联合百周年纪念讲堂连续三年为全校受资助的学生开展"燕园起航·艺路同行"艺术实践课项目，以满足学生提高艺术审美、发展文艺兴趣的需要。项目拟达到的预期目标是，围绕立德树人根本任务，推动校园文化建设和校园美育，坚持以美育人，以文化人，提升学生的审美素养，为新时代社会主义文化强国建设做出贡献。在另一个层面，艺术实践课项目可以使学生在繁重的学业之余，放松心情，纾解课业压力，陶冶情操，静心凝神，体悟创作意境，弘扬中华优秀传统文化。

作为艺术实践课项目中的一项，"燕园起航·笔墨生辉"书画兴趣课程由书法、中国画两门课组成，由于授课目的和开展形式不同，其中书法课程与专业书法教学和公共类书法教学具有不同的特点。该课程作为以实践教学为主的美育课程，以美育工作坊的形式开设，授课形式和手段灵活多样，课程内容聚焦于书法本体，即对各种书体的学习上，重点在于提高学生的动手实践能力，以及对问题的感官认知与直观理解能力，使其亲身体验和感悟中华优秀传统文化之美。此外，课程定位于基础类实践美育课程，对选课学生的专业没有要求，课程的设计同样适用于工科及理科学生，有助于提升学生的审美力和鉴赏力，为其专业发展注入更多创造力和创新意识。

## 三、典型教学案例

### （一）案例概述

课程的总体设计为每次课 2 学时，共 24 课时（表 1），以书体实践为主，着重引导学生亲身感受中国书法之美。每节课分为两个部分，前半部分讲授本课涉及的书法史、书体特点、碑帖特点以及经典书作赏析，后半节课指导学生进行书法实践。期中和期末各安排两次课进行回顾练习，强化书法实践部分；课程后期，系统讲解章法与构图，指导学生完成一幅不小于四尺整纸的作品，并于结课阶段在展厅举办结课作品汇报专题展。下面以第八讲为例展示具体教学过程。

表1 美育实践教学：书法专题课课程大纲

| 第一讲 | 东汉小篆《袁安碑》 |
|---|---|
| 第二讲 | 清邓石如篆书《白氏草堂记》 |
| 第三讲 | 东汉隶书《礼器碑》 |
| 第四讲 | 清邓石如隶书《崔子玉座右铭》 |
| 第五讲 | 实践练习 |
| 第六讲 | 北魏楷书《张猛龙碑》 |
| 第七讲 | 唐褚遂良楷书《雁塔圣教序》 |
| 第八讲 | 宋苏轼行书《黄州寒食诗帖》 |
| 第九讲 | 清王铎行草书《祝寿四言诗》 |
| 第十讲 | 实践练习 |
| 第十一讲 | 章法与构图 |
| 第十二讲 | 创作实践 |
| 结课作品汇报专题展 | |

在课堂上，学生在授课教师的带领下，首先学习本次课涉及的新书体——行书的基本理论知识，内容涵盖行书的特点、形成与发展概况。在这部分的讲解中，授课教师首先从中国古老的文字篆书谈起，条理清晰地梳理了中国书法史上文字的演变进程；然后结合书写便利与识认的需要，分析行书书体的特点与文字演变的关系，并归纳总结行书形成的原因；最后向学生概述中国书法史上行书发展的三个高峰时期——晋代、唐代和宋代，以及元代、明代、清代三个推进时期，同时分析每个时期行书的发展特点、代表书家与作品。在这部分的讲解中，教师利用引人入胜的历史故事，激发学生的学习兴趣，加深学生对知识点的理解。

在理论讲解的第二部分，授课教师带领学生赏析宋代行书经典作品，包括"宋四家"（苏轼、黄庭坚、米芾、蔡襄）以及薛绍彭、赵佶、朱熹的行书作品，从书家生平、创作背景、创作风格、收藏情况及历史影响等多个方面，引导学生深入学习行书在宋代的发展与演进过程。

理论讲解的第三部分为《黄州寒食诗帖》临习要点分析，主要从实践技法的层面展开，着重于形式技巧与表现手法的学习。教师重点介绍书家创作背景，书家创作时使用的工具材料以及书写方式、书写内容、书写状态等，以及在中国书法史上的地位。学生在临摹实践时，主要从笔法、结构、章法三个方面进行练习。

课程下半时段进入书法实践环节，学生在授课教师的引导下，按照前半节课讲解的临习要点进行动手实践，教师对学生进行一对一的指导和演示。

（二）课程特色

**1.非艺术专业的普及类美育实践课。**课程面向的对象为非艺术专业零基础学生，开设的价值主要在于对非艺术专业学生成长的深远影响和重要意义：首先，书法是最具文化内蕴的艺术形式之一，无论是从文化传承层面，还是从人文素养层面，都能对每一位学生的成长产生积极影响；其次，书法教育在培养学生审美能力和提升审美素养方面发挥着重要作用，能够引导学生感知蕴藏的人文关怀；最后，书法课程可以营造校园文化氛围，构建和谐校园文化生态，推动校园美育建设。

**2.坚持实践性与互动性相结合。**教师通过精心设计教案，如在"书法的历史和文化背景"的讲解中，以穿插历史故事的方式，充分调动学生的积极性，在课堂中增加和学生的互动，活跃课堂氛围，使学生在获得知识的同时，始终充满学习的热情。教师在课堂中及时和学生沟通，促使学生在"学"中挖潜增智，在求知的过程中感受成功的喜悦，从而促进书写能力发展（图1，图2）。另外，本课程实践性较为突出。除讲授重要的理论外，实践是非常重要的环节。教师每节课都会布置课堂练习、课后作业，期中或期末举办教学成果展或作品汇报展，将优秀作

图1 2023—2024学年第2学期，教师在课堂上讲解行书的形成与发展概况
（摄影：经典瞬间）

图 2 2023—2024 学年第 2 学期，教师在课堂上点评学生作业
（摄影：经典瞬间）

品装裱展示，使学生获得成就感。教师课后还会组织学生举办小型艺术沙龙，交流学习心得，沟通思想；组织学生与中央美术学院等其他专业院校学生进行艺术交流，搭建校园美育发展平台。

## 四、课程教学成效

### （一）实施成效

书法课程自开设以来，在实践探索中已取得显著成效。课程通过推动校园美育建设，激发了学生对中华优秀传统文化的热爱，营造了校园文化氛围，提高了学生审美情趣，打造了兼具学术性和义化性的美育课堂品牌；课程兼顾理论与实践且以实践为主，注重人文修养与学术研究相结合，形成了不同于专业教育和公共教育独特的书法艺术教育模式，为落实教育部《关于全面实施学校美育浸润行动的通知》精神提供了成功经验。

在理论学习方面，通过课堂讲解，学生了解了中国书法的核心——篆书、隶书、楷书、行书、草书五种书体的演变过程，了解到不同书体的特点，深入理解了其蕴含的审美思想。

每堂课的临摹将理论与实践相结合，使学生进一步深化理论认知，熟练掌握基本技法和传统笔墨语言。对于五体书法的笔法和结构特点的学习，激发了学生的学习兴趣（图3，图4）。

图3 2023—2024学年第1学期，
教师在课堂上提供指导

图4 2023—2024学年第1学期，
教师在课堂上为学生作品加盖印章

通过创作实践、研究创作方法，学生熟练掌握了完成一幅完整作品的技能（图5）。

图5 2023—2024学年第1学期，学生资助中心为
教师颁发聘书并与部分同学合影

（二）美育实践课：作品汇报专题展

课程结课阶段，教师指导学生从书法技法、书体、章法等方面完成课程汇报作品。每位学生提交一幅作品，教师针对每幅作品进行个性化

指导，并组织学生布置展览，鼓励学生发挥创造性和想象力。展览获得了观展师生及专家的高度评价。

2023年秋季学期，为展示学生一学期以来的成长足迹，学生资助中心特精选部分优秀课程作品进行集中展览。2023年10月1日，学生资助中心联合百周年纪念讲堂推出"燕园起航·笔墨生辉"书画兴趣课程作品展览，于10月1日—21日连续三周展出54件书画作品（图6—8）。

图6 2023—2024学年第1学期汇报展展厅一角（1）
（摄影：北京大学马克思主义学院 袁颖）

图7 2023—2024学年第1学期汇报展展厅一角（2）

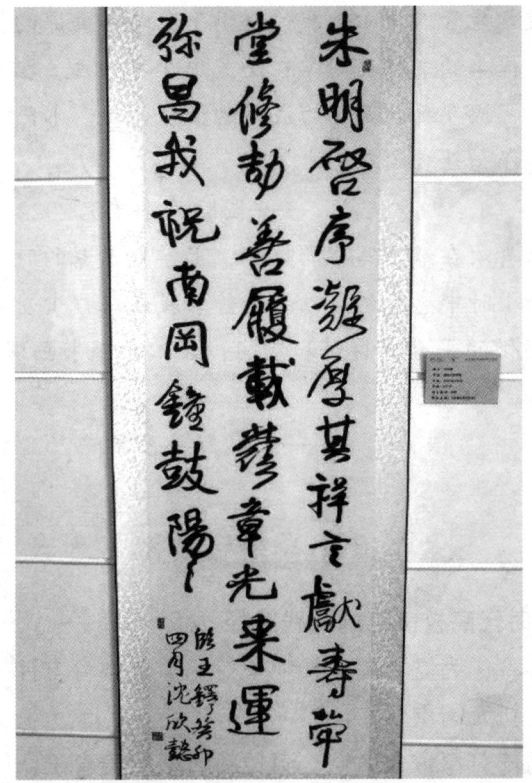

**图 8　国际关系学院 2022 级本科生沈欣懿的临摹作品，作品被作为礼物赠予北大捐赠人**

**（三）学生反馈**

课程获得了师生的一致好评。选课学生普遍认为，通过课程学习，自己不但对各体书法的技法特点有了全面、系统、清晰的了解，提高了书艺水平，而且对中华优秀传统文化的审美认识有了很大的提升，并在书法艺术实践中放松了心情、表达了自我。

**学生感言摘录：**

能够参加书法课程，我感觉特别幸运，也特别开心。张岩老师十分专业的理论讲解与实践指导，使我的书法素养得到了极大的提升。感谢张老师。同时也要感谢北京大学学生资助中心为我们提供书法材料及在百周年纪念讲堂进行展览的机会。

——外国语学院 2022 级本科生闫荣荣

感谢学校学生资助中心为我们提供了参与书画课的机会和平台，使我们有机会和优秀的老师、同学在交流中学习书画。在大家用心筹备的书画展上，一幅幅字画就是努力成果的最佳体现。书画课和书画展陶冶了我的艺术情操，让我收获颇丰。

——国际关系学院2022级本科生沈欣懿

我个人很喜欢在纸上写字的感觉，上学期上课的时候，我总是能够在课堂的两个小时中感受到内心的平静。我在课程中受益匪浅，感谢学生资助中心提供的平台、材料和空间，衷心希望书画课程能继续举办，并且越办越好。

——国际关系学院2022级本科生崔雨佳

## 五、总结与思考

### （一）新时代高校美育的实践路径

新时代美育作为党和国家长期坚持的重要教育方针，是坚定文化自信、培育时代新人的重要途径。

**1.拓展高校美育育人途径，满足新时期的美育工作要求**。高校应加强在课程内容、课程设置、育人形式、师资队伍等方面的建设，改善美育教学模式僵化、教学师资匮乏、教学内容单一等问题，充分利用校内资源，突出高校美育特色，构建复合型美育课程体系。

**2.结合学科特点，构建高校美育课程体系**。高校应结合教师学科优势，建设丰富多样的美育课程，突出课程在内容和形式上的创造性和灵活性，力求增强鉴赏性和趣味性，提高学生的参与度，在轻松灵活的氛围中增强课堂教学的实效性。

**3.深入挖掘中国文化精神内涵，构建高校美育实践平台**。文化传承离不开社会实践。课程应立足于学生的实践活动和审美需要，从学生的审美倾向和认知出发，搭建学生广泛参与的美育实践平台，推动校园文化品牌建设，促进高校人才培养的高质量发展。

### （二）美育情感体验的提升路径

美育并非仅仅是技艺的传授，还包括审美体验和情感表达。美育的情感体验可从技艺实践和体悟感知中获得。

艺术审美活动是最生动活泼、最富有生命力的创造性活动，艺术的美育功能可以丰富审美主体的情感体验，提高审美主体的鉴赏力和表现力，促进健全人格的发展。在课堂教学中，教师应充分调动、尊重学生的情感体验，允许学生个性的存在；应贯彻"注重情感体验，以情感人，以美育人"的要求，运用研究型学习的教学方式，使学生主动探究、亲身体验；应充分调动学生的情感、想象、联想等心理因素，增强学生对艺术作品的审视、体味与理解，强化学生的审美体验。

　　情感体验是美育的归属。审美教育具有潜移默化的特点，高校应进一步强化课外活动与学校环境的美育功能，从而帮助学生陶冶性情、改善学习、完善人格，使审美融入校园文化、课程建设与学科教学的常态化校园生活；同时发挥社会媒介的作用，注重艺术课程、社团活动、展演实践中的审美体验与创造，通过以美育人落实立德树人的根本任务。

# 实践型艺术课程美育创新特色

马冬妮　杨晓雨　刘　述
（会议中心）

## 一、项目概况

北京大学百周年纪念讲堂坚持"高雅艺术殿堂，素质教育课堂"基本定位，贯彻"三全育人""五育并举"的实践要求，充分发掘美育在学生个体成长中的重要作用，于2021年秋季学期起与校内单位合作推出"大讲堂艺术实践课"项目。首门实践型艺术课程"轻松歌唱"由百周年纪念讲堂与元培学院的书院课程合作开设，教学成果通过结课音乐会形式呈现，收到良好反响。

"大讲堂艺术实践课"项目与学生资助中心"燕园起航，艺路同行"项目结合，于2021年秋季学期正式启动，截至目前已成功运行8个学期。该项目每学期为有文艺兴趣但缺乏基础与学习资源的学生开设歌唱表演、器乐演奏、雕塑造型等艺术实践类课程（下文简称"课程"），每门课程每周授课1次，每次2~3课时，持续10~12周，并在课程结束后，为选课学生举办成果展览或结课汇演。该项目为选课学生提供了欣赏艺术、参与实践的平台，注重探寻符合学生需求的美育教学形式，探索形成"接触—体验—学习—演出"的美育新思路，是美育融入资助育人工作的有效实践。这一实践具有探索性、创新性、示范性。项目坚持问题导向，边学边干、边干边学，立足最鲜活的教育实践，力争提炼最有说服力的教育经验。

## 二、项目设计理念

### （一）项目设计思考

2021年，百周年纪念讲堂（以下简称"讲堂"）立足自身优势策划设计"大讲堂艺术实践课"项目。与元培学院和学生资助中心确立合作意向后，各单位充分发挥各自在专业场地、教师资源、组织学生方面的优势，强强联合、协同发力，开始了对资助生的美育探索实践。项目邀请专业教师，对零基础的学生进行为期10~12周的艺术实践小班课培养，鼓励学生自发主动学习、自主日常管理，并采用汇报演出、作品展览等形式进行结课考核，充分调动学生的积极性，探索出"感受艺术之美—参与艺术实践—展示美育成果"美育新路径。

从教育规律看，美育需要结合理论基础与实践体验。理论知识是美育的基础，实践则可以帮助学生在直观体验中培养审美能力，丰富感性认识。项目在设计之初便确立了"引导学生艺术入门"与"深刻理解所学课程专业性"的育人双目标，不仅要求选课学生学会演绎（设计）艺术作品，还期待学生通过大量学习和实践，培养艺术思维、提高鉴赏能力，在课程学习之余还有能力欣赏其他门类的艺术。

在课程策划阶段，讲堂根据学生需求和实际情况，不断丰富课程门类，既考虑到课程所涉艺术门类的接受度和入门难度，又兼顾当下潮流和学生兴趣点，至今已面向全校学生开设了"轻松歌唱""歌唱艺术入门""从数字雕塑到3D打印""合唱初体验""单簧管演奏入门""导演创作基本原理与技能""传统与现代（舞蹈）"七门课程。讲堂邀请业内知名艺术家及专家授课，以艺术课程为主体，以艺术实践为重心，以提升学生审美追求和文化理解为目的，形成"接触、感受—学习、实践—展示、总结"的全面育人发展思路。

### （二）项目整体活动规划以及创新特色

**1. 兼理论与实践，丰富美育形式。** 美育具有多方面、多层次、实践性、生活化等特征。现有的美育教材理论性较强、抽象程度高，缺乏形象感和感染力，学生较难产生学习兴趣。学界对"美"的研究较多，落实于"育"的偏少，很少有从事美育理论研究的学者能深入学生群体，研究具体的美育教学实践问题。但就内心驱动力而言，学生却有相应需求。课堂教学的理论要实现内化于心，进而外化于行，就必须经过实践的检验。

因此，美育需要转向兼顾理论与实践，调动学生参与的积极性，切实扩大美育的覆盖范围。课程重视学生参与感，通过亲身实操，学生能够更全面地掌握所学艺术门类的知识，使学习从概念到直观、从平面到立体。

就此看来，美育实践与传播，可以脱离"刻板"的课堂打卡式教学模式，融入师生间、学生间的互动，保障学生更加轻松地接受教育，进而提升自身素质，最终实现育人目标。例如在"从数字雕塑到3D打印"和"合唱初体验"课程中，部分学生会在参与几次课堂教学后，主动寻找相关案例和音视频资料，在课堂上围绕个人喜好、内心体会、作品技术以及美育实践与自身专业学习的对比感受等方面积极进行交流。

**2. 边学习边成长，提升学生综合素养**。学生通过课程学习有效开拓了艺术视野，激发了创造力，学习效果佳者还会尝试将艺术学习的思维方式融入学科专业学习，并收到了良好反馈。此外，学习成果通过汇报演出、展览等形式呈现出来，也能让学生突破自我心理设定，从艺术作品展示中获得相应的成就感。

**3. 增自信悦身心，帮助学生健全人格**。美育即审美教育或美感教育，其内核是情感教育。课程立足培养个体审美鉴赏能力基础，潜移默化帮助学习者健全人格，起到定向、调节和整合等作用。美育融入资助育人工作，能帮助学生形成积极向上的生活态度和自强不息的励志精神，使学生通过感受美、体验美来完善自身人格、拓宽思维眼界、陶冶道德情操。

**4. 化兴趣为特长，促进实现教育公平**。个人接受美育的经历与原生家庭环境存在直接联系。优化美育体验，需要重点考虑学生的参与感和兴趣，淡化家庭背景和经济基础，在一定程度上降低参与者的差异性。通过参与实践过程，学生得以将兴趣发展为特长，充分锻炼了艺术实践能力，开拓了艺术视野，进而敢于尝试、增强了自信、提升了素质。这恰恰是项目的重要初衷，即让每个人都获得接受美育的机会。"大讲堂艺术实践课"项目致力于打破资源壁垒，实现教育资源的定向供给，促进教育机会平等，营造更加和谐、积极、健康的校园氛围。

## 三、典型活动案例

### （一）"轻松歌唱"

"轻松歌唱"作为"大讲堂艺术实践课"项目课程与元培学院美育类课程，由讲堂和元培学院联合开设，聘请中央歌剧院著名女高音歌唱家、一级演员尤泓斐担任授课教师，通过教授意大利传统美声唱法让学生学会科学地歌唱（图1）。

图1 2022年4月2日，"大讲堂艺术实践课"项目之
"轻松歌唱"课程现场
（授课教师：尤泓斐）

"轻松歌唱"课程自于2021年秋季学期推出以来，目前已经培养了四批优秀学员。学生在体会艺术美的过程中见证了自己的进步，在轻松地放声歌唱中享受了文化生活。他们从课堂走上舞台，从理论步入实践，用专业精彩的视听盛宴诠释着综合性大学美育工作的应然之义（图2）。

图 2 2023 年 4 月 29 日，北京大学元培学院、百周年纪念讲堂共同为"轻松歌唱"课程举办结课音乐会，为学生颁发结课证书

经由"轻松歌唱"课程，学生在授课教师的指导和帮助下，将课堂上习得的理论知识应用到舞台创作的实践中，不断提高自身演唱水平与艺术参与度。学生可以切身感受到，真正的艺术从不被束之高阁，而是在实践中焕发自身的强大生命力并彰显自身的价值，成为每一个热爱艺术的人生活中可触可感的、昂扬自我精神的载体。"轻松歌唱"课程是学生在艺术之路上自我探索、自我肯定、突破边界的一次旅程，也是学校开展、落实美育工作的重要实践。

**学生感言摘录：**

观毕本次汇报演出，我被台上所有同学对于难度极高的歌曲的高完成度震撼住了，被他们演唱和表演时专注、执着的样子打动了。在谢幕的热烈掌声中，我意识到在这样的一个舞台上，他们所追求的不仅是每一句唱词的完美处理、每一个高音的华丽辉煌，还有在歌唱的过程中收获对舞台、对歌唱、对艺术的热爱。

——黄梓敬

一门书院课的结课汇报能够呈现为如此正式的音乐会，这让我非常惊讶。当看到平时给人感觉很内向的同学优雅而又美丽地出现在聚光灯下，用歌声讲述着一段段故事时，我能感受到"轻松歌唱"课程不仅教给了他们如何正确放声歌唱，还教会了他们如何在舞台上自信、大方地展现自我。那晚，我在观众席上看到的不是平时相熟的伙伴，而是一群充满潜力的歌唱家。

——刘臻

### （二）"燕园起航，艺路同行"

2021年起，北京大学学生资助中心联合百周年纪念讲堂开设一系列"燕园起航，艺路同行"艺术类实践课程，包括"歌唱艺术入门""从数字雕塑到3D打印""合唱初体验""单簧管演奏入门"四门课程，为学生丰富课余生活、培养文艺兴趣提供了多样选择（图3—5）。

新闻与传播学院2022级本科生韩佳谚是"歌唱艺术入门"课程学员，每周四跟随中央戏剧学院歌剧系教师、著名花腔女高音甘露露学习专业技巧时，他都会感慨声乐学习的艰难。他说："这是我第一次学习唱

**图3 2023年3月1日，讲堂与学生资助中心合作大讲堂艺术实践课"歌唱艺术入门"课程现场**

（地点：百周年纪念讲堂　授课教师：甘露露）

**图4  2023年3月8日，讲堂与学生资助中心合作大讲堂
艺术实践课"从数字雕塑到3D打印"课程现场**
（地点：百周年纪念讲堂  授课教师：李添）

**图5  2022年3月14日，大讲堂艺术实践课"单簧管演奏入门"课程现场**
（地点：百周年纪念讲堂　授课教师：刘述）

歌。课堂上，我需要将声音扭转到最准确的音调，这种时候嘴巴跟脑子就会打架。"法学院2022级本科生、"单簧管演奏入门"课程学员马伟栋对于课程学习"从零到一"的艰苦深有同感，但从这份"苦"中，他却找到了独属于自己的"甜"。

授课教师甘露露说："对同学们来说，他们不是为了当歌唱家才选修这门课，这门课对他们的最大意义是学习如何跟别人交流。"因此，甘老师在日常课堂上格外注重对学生呼吸的训练，她说："每个人在公开场合讲话都会紧张，我想让他们通过这种训练，学会如何用呼吸调动自己。这样，他们登台的时候即使很紧张，也不害怕出现错误，反而能凭借强大的内心把环节推进下去。"

结课汇演上，学生们不仅需要展现歌唱艺术技巧，他们每一次上台、致意、鞠躬，个人的眼神、体态、礼仪，也都体现了课程讲授的细致入微以及老师对学生的真切关怀。而这份关怀不偏不倚，以温暖的姿态回馈到甘老师自身："舞台上，他们都在认真做，这让我感到很欣慰。"（图6）

由于经济和学业的双重压力，加上北京大学的校园文化氛围高度活跃繁荣，在校生很容易产生较大压迫感、朋辈竞争感和心理压力。课程中的一对一教学，有效改善了选课学生的心理状况、精神面貌，学生在课程学习过程中变得更开朗、更放松，在个体自信、言语表达、人际交流等方面都有明显提升。选课学生一致反馈，课堂是自己"这一周最放松最快乐的时间"。项目初衷之一是希望学生"乐"中取乐，在学习一门艺术、培养一种兴趣、获得一份技能的同时愉悦心情、释放压力、恢复动力，调节学习生活状态，降低心理困境甚至危机的发生率，培养健康心态、塑造健全人格。

图6 2023年12月24日，讲堂与学生资助中心
"燕园起航，艺路同行"艺术类实践课程结课汇演现场
（地点：百周年纪念讲堂）

## 四、项目组织实施保障体系

### （一）"零基础 + 小班制"，美育教学精准滴灌

项目课程面向零基础学生组建小班，每门课程容量严格控制在10～30人之间。小班制有利于授课教师更好地掌握学生基础情况，并据此调整课程难度和进度，保障课程资源有效覆盖全体学生。同时，该模式下师生间有更多交流机会，能促进师生更快地熟悉彼此；教师可以在日常授课过程中进一步了解学生性格，因材施教、精准育人，引导学生真正了解课程的重要意义；学生也能积累对老师、同学、班级的信任感、认同感、归属感，进而在课程学习中投入更多精力，最终形成良性互动。

### （二）名家传艺量身定制，课程设计精耕细作

项目课程均邀请业内知名艺术家及专家授课，不仅保障了课程设计充分遵循艺术实践教育规律，还能利用艺术家个人魅力让学生感受到艺术熏陶的重要意义。专家在授课过程中重视提升学生审美追求和文化理解能力，具体表现为教学内容设计既讲究艺术性，又贴近学生生活。选课学生学业压力大，往往缺乏练习时间，进一步叠加零基础学生薄弱的基础等因素，授课教师需要在筹备课程时便制定好目标，既使学生有获得感，又能避免学生因课程过难而产生心理压力或投入过量练习时间，导致半途而废。学生在学习过程中更需要授课教师引入"启发式"和"诱导式"教学方法，只有这样才能减少平铺直叙，激发学生兴趣。

### （三）结课展演学有所得，考核方式精益创新

项目创新性地采用结课展演作为课程考核方式，鼓励学生"第一次登台""第一次参展"，大大提升了学生参与课程的热情，提高了学生的获得感、满足感、成就感。其中，"轻松歌唱""歌唱艺术入门""合唱初体验""单簧管演奏入门""导演创作基本原理与技能""传统与现代（舞蹈）"六门课程举办了结课汇演，"从数字雕塑到3D打印"课程筹办了作品展览。授课教师鼓励学生积极创作、精心编排、全情投入，将学期所学化为肉眼可见的艺术成果；百周年纪念讲堂为所有课程参与学生提供了汇报演出的专业舞台技术支持及优美的汇报展览环境，大力帮助学生实现自身的艺术理想。

## （四）自主管理自我服务，骨干培养精兵强将

出勤率往往是课程资源能否得到有效利用的重要影响因素。保障课堂出勤率，一方面需要加强课程内容本身对学生的吸引力，另一方面需要规范班级管理。在学期初开放选课通道时，教师有意识地选择有意愿的学生担任学生助教和班长，参与组织课堂签到、规范请假流程、制定课堂公约、协助完成结课展演等班级管理工作，并将班长纳入项目学生骨干团队，为其提供更深入的组织管理技能培训。鼓励学生自主管理、自我服务，不仅完善了班级管理制度，保障了课程资源的有效利用，还使得美育教学在"受助—自助—助人"的良性循环链条上进一步延伸，切实提高了参与学生的综合素质。

## 五、总结与思考

项目团队在实践中也发现，部分参与"燕园起航，艺路同行"项目的学生学业压力较大，精力多集中在完成课程任务、准备保研等现实需求上，因此，美育类艺术实践因未纳入刚性学业考核框架，容易被归为"重要但不紧迫"的事项，未能充分融入学生的日常学习生活。

美育具有潜移默化、久久为功的特点，其对人格塑造、审美能力提升、跨学科思维培养的作用，无法用短期功利目标来衡量。后续推进美育实践，需从价值引导与制度保障两方面发力：一方面，要强化美育重要性的宣传普及，通过举办"美育与人生"主题讲座、展示学生艺术实践成果（如演出、展览）、分享美育促进个人成长的案例（如毕业生反馈美育对职业发展的助力）等形式，帮助学生纠正"重专业、轻素养"的认知偏差，让"美育是终身成长的必修课"的理念深入人心；另一方面，学校应从政策层面完善美育参与的支持机制，比如将美育实践纳入学生综合素质评价体系，允许学生通过艺术活动、志愿者服务等方式积累学时，缓解学业与美育参与的时间冲突，为学生积极参与美育实践提供制度保障。

以上举措既能激发学生参与美育的内在动力，也能让教师的教学热情得到更充分的回应，推动"大讲堂艺术实践课""燕园起航，艺路同行"这类美育项目持续发挥育人效能。

# 极客创意动手实践课美育创新特色

刘德英　田英一

（创新创业学院）

## 一、项目概况

　　北京大学极客实验室是服务于全校师生的跨学科动手实践平台，旨在鼓励学生自由探索和创造，助力构建大学生创新创业教育、实践育人的生态模式。极客实验室遵循"跨越边界、专注极致、自律自由、追求真善美"的理念，鼓励学生在科学与技术、科技与人文、科技与艺术、人文与艺术等交叉领域进行探索，从而使学生获得更加广泛、综合的教育体验。

　　"极客创意动手实践课"项目始建于2017年，项目课程坚持落实立德树人根本任务，践行德智体美劳"五育并举"的教育理念，推动跨学科交叉动手实践以及科技、人文、艺术相融合，激发艺术创意想象，并通过引导学生亲身实践来感受科学技术、美育思想、美学生活，促进学生的全面发展。课程设计力求前沿化、科学化、艺术化，使学生在动手实践中体悟真善美。

　　目前项目课程包括"极客美学生活馆"和"守艺人非遗工坊"两大板块，意在通过独特的教学方式，引导学生深入思考生活美学，同时传承非物质文化遗产的核心精神，将中国式现代化与中华优秀传统文化及现代创意有机融合，为学生提供全面而深刻的实践体验。

## 二、项目设计理念

　　"极客美学生活馆"致力于探索生活中的美学，将艺术、创意、科技与自然融入生活，引导学生探索美、践行美，通过愉快的劳动创造美好的生活。生活馆的课程设置涵盖了多样化的艺术形式，在组织方式上也比较灵活。例如，"AI视频制作"课程为学生提供了平台、工具和资源，学生可以按自己所想来调配色彩、编织场景，塑造出自己心目中最美的世界。"中华传统美食制作"课程则让学生通过学习制作中国传统糕点桃花酥、荷花酥等，了解传统文化中的节日寓意与习俗、美食加工工艺以及古人生活方式。"大地艺术课"组织学生在校园内收集落叶、松针、松果等，引导学生通过观察自然景观来激发创作灵感，并将这些自然材料制作成手工作品。这些课程和活动不仅丰富了学生的艺术经验，还增强了他们与自然的联系，促进了美好心灵的绽放，培养了人文审美的情趣。

"知者创物，巧者述之守之，世谓之工。"习近平总书记指出："要把握传承和创新的关系，学古不泥古、破法不悖法，让中华优秀传统文化成为文艺创新的重要源泉。"[1]千百年来，中华民族的气度、性情与智慧，书写在笔墨丹青之中，蕴藏在典籍辞章之间，凝结在器物技艺之上，融汇成生生不息的中国精神。为延续民族文明的烛火，传承匠人精神，极客实验室开设了"守艺人非遗工坊"，在传承中华民族的非遗技艺的同时，鼓励传统文化与科技创新融合。工坊邀请了多位非遗代表性传承人走进校园传播非遗的艺术价值魅力，并带领学生动手创作非遗作品。工坊强调动手实践的重要性，每一堂课，学生都要参与制作过程，从选材到成品，体会每一个细节。这种体验式学习不仅提高了学生的动手能力，还培养了他们的耐心和细致的工匠精神。此外，工坊还注重与各地的艺术机构、博物馆、非遗传承中心等建立合作关系，定期举办文化交流活动，邀请国内艺术家和不同领域学者举行讲座并进行交流，构建开放的美育平台。

极客实验室注重现代先进科技与中华优秀传统文化的深度结合，为学生带来全新的艺术体验。实验室通过引入VR（虚拟现实）技术，让学生沉浸式欣赏多种艺术形式的作品。这种体验不仅增加了学习的趣味

---

[1] 习近平. 在中国文联十一大、中国作协十大开幕式上的讲话[M]. 北京：人民出版社，2021：11.

性和互动性，还能够让学生突破传统创作空间的限制，在虚拟环境中自由发挥想象力和创造力，设计出独具风格的艺术作品。此外，极客实验室还利用先进的视觉成像技术，为学生提供前所未有的艺术创作体验。这些技术手段不仅使艺术创作更加便捷和生动，还为学生提供了更多样的表达方式。实验室还配备了3D打印机，鼓励学生设计并创作艺术模型。通过3D打印技术，学生可以将自己的创意变为现实，体验从设计到制作的完整过程，感受艺术与科技结合的独特魅力。这种现代技术手段使学生的创作不再受材料和工具的限制，学生可以更加自由地表达自己的想法和创意。

## 三、典型活动案例

### （一）大地艺术课

"大地艺术课"于每年秋季以瓶花制作、落叶收集制作等形式开展。2020年，极客实验室携手元培学院，在秋冬之交，让学生利用感官亲身体验自然的节律，并试着与自然交流，感受自然变化中的动态之美。

随后，极客实验室又收集了学生关于秋冬记忆的相片，制作成辑，在线上举办了"极客大地艺术摄影作品展"（图1），使学生在亲手制作与记录秋冬风物的过程中感悟自然之美。

 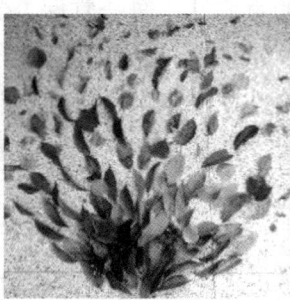 

曹佳宁摄影作品　　　李轶萱摄影作品　　　康之琪摄影作品

图1 "极客大地艺术摄影作品展"学生摄影作品

### （二）中华传统美食制作

"民以食为天"，在悠久的中华传统文化之中，"美食"是不可或缺的一部分。极客实验室结合传统书目、传统节日、二十四节气等，将美食与文化一同传递给学生。

"红楼食遗"系列活动,通过带领学生探秘《红楼梦》这部"中国古代社会大百科全书",以"食"品红楼,并举办动手实践系列跨学科饮食文化体验活动,从全新而独特的视角,解读饮食、养生、保健文化,进而传播和弘扬中华优秀传统文化。在建设健康中国的背景下,"红楼食遗"系列活动还致力于让中外学生深刻了解中国食物营养知识、药膳制作方法、医理与心理的关联,并将知识性、趣味性和实用性融为一体。

课程还结合中国传统节日,引导学生通过学习制作专属美食来了解节日历史习俗。在中秋节,极客实验室联合九个院系举办了"但愿人长久——九院联合中秋月饼DIY"活动。活动中,学生学习制作可口的传统月饼,以及用3D打印机设计打印"3D月饼"(图2),传统美食与科技碰撞,体现出北大学生的创新精神。在重阳节,极客实验室、北大勺园、青年外交学会、中美交流协会联合举办"九九重阳糕复苏大揭秘"活动。活动引导中外学生相互交流,深入了解中国传统节

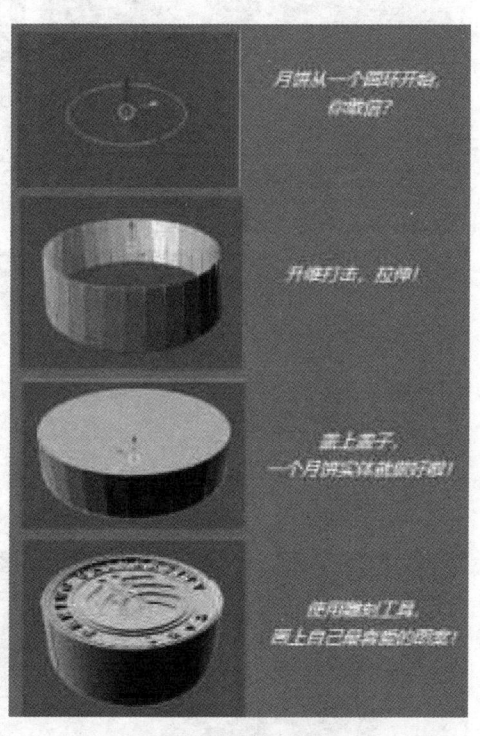

图2 学生设计3D打印月饼

日——重阳节,学生一起登高、插茱萸、赏菊、穿汉服、品茶、做重阳糕(图3,图4)。在冬至节气,极客实验室组织了"剪窗花"活动,为中外学生跨文化沟通与交流搭建了良好的互动平台。

图 3 学生制作中国传统美食——桃花酥、重阳糕、水饺、汤圆
（摄影：糊塔子）

图4 "九九重阳糕复苏大揭秘"活动现场
（摄影：糊塔子）

（三）守艺人非遗工坊：感悟匠心，传承创造

1. **极客木工课**。"极客木工课"是极客实验室自成立以来每年的必开课，课程致力于通过介绍现代木作和木构造，以及为学生提供真实的物质创造过程与亲身体验，增强学生的空间想象力和动手能力，带领学生认识设计构思与创造的关联，体验手作的工匠精神。

2020年冬季，极客实验室邀请戎超、王新、范喆三位木工老师，带领学生一起制作平安扣。平安扣外圈为圆形，象征天地辽阔混沌；内圈也是圆形，象征人内心的平宁安远。在制作和打磨平安扣的过程中，学生感受到了木的质感，并通过用心观察扣的形状和纹路，深入自己的内心世界，探求生命的真谛。2022年秋季，极客实验室的学生一起练习制作勺子，体验木材选取、造型设计、开挖、修光、锯、打磨上油等制作流程，亲身感受到一块木头的蜕变之旅也是一场生命的修行（图5）。

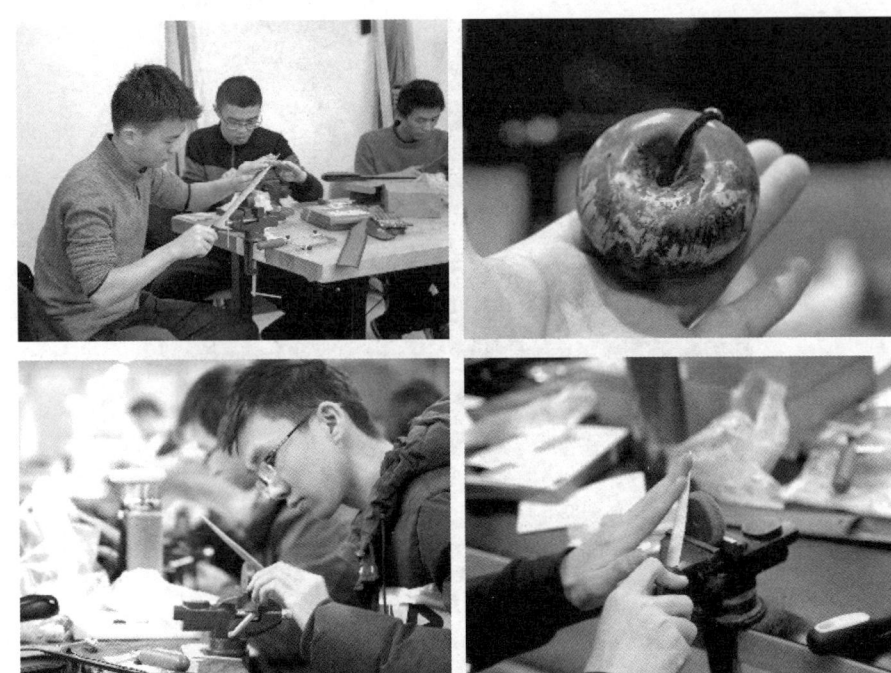

**图5 "极客木工课"学生创作木工作品现场**

（摄影：袁春秀）

**2. 葫芦烙画非遗体验课。** 用火烧烙铁在物体上熨出烙痕所作的画，名为烙画，又称火笔画，是中国传统艺术珍品。烙画形式多样，可以在木板、树皮、葫芦甚至是宣纸、丝绢上作画；内容不受限制，人物、花鸟鱼虫、山水、书法，只要是可用绘画形式表现的题材都可以入画。烙画通过勾、擦、点、烘等手法，展现出丰富的层次与色调，创作时温度的高低决定了烙痕色调的深浅。这项既古老又新颖的艺术形式，凝结了广大劳动人民的聪明才智。2021年6月10日，以南阳烙画为代表的烙画项目被列入国家级非物质文化遗产代表性项目名录。

来自北大不同专业的学生，在非遗代表性传承人韩司宇老师的带领下，与拥有两千年历史的非遗瑰宝——葫芦烙画——进行了一次零距离接触（图6）。葫芦、火烧烙铁、北大学生三者间产生了奇妙的化学反应，学生在葫芦上绘制出了自己心中对美好的种种想象。

**图 6 葫芦烙画非遗体验课**

（摄影：王艺然）

**3. 宜兴紫砂壶制作非遗体验课。**被列入第一批国家级非物质文化遗产代表性项目名录的宜兴紫砂陶制作技艺，承载了千百年来紫砂艺人沉潜砥砺的匠者之心。如今的紫砂文化呈现出百花齐放、百家争鸣的繁盛之势，创新的工艺、造型、技法层出不穷，多层次、多角度展现出华夏历史之美、山河之美、文化之美。极客实验室邀请了宜兴市紫砂艺术研究院、宜兴市民间文艺家协会、宜兴市工艺美术学会的专家老师走进北京大学，传播紫砂文化。

在 2023 年秋天的实践课堂上，宜兴市紫砂艺术研究院院长卫江安老师来到极客实验室，向学生介绍原料器型相关知识及紫砂制作工艺。"操千曲而后晓声，观千剑而后识器"，学生通过近距离欣赏、亲手触摸大师级的紫砂壶作品，感受到在平面的照片上难以获得的美感；以紫砂泥为材料做成的莲藕状、竹节状花器引得连连惊叹，外表低调优雅的光素器则使人平心静气，引人细细观瞻。在老师指导下，学生尝试用紫砂泥制作紫砂壶，将看似平平无奇的泥巴化作色泽温润、古雅精致的紫砂壶，在指尖与泥土的摩擦中感受传承千年的匠人精神（图 7）。

图7 "宜兴紫砂壶制作非遗体验课"授课现场
（摄影：何小兵）

## 四、项目组织实施保障体系

极客实验室成立于2016年9月，秉承"以学生成长为中心"的宗旨，以学生兴趣爱好为导向，将基础学科与应用学科融合于学生的动手实践中。自成立至今，极客实验室已成功举办了700余场课程活动，参与学生超过3万人。极客实验室通过建立和完善课程设计与管理机制、集聚校内外师资力量等，为持续开展美育创意教育实践提供了制度保障。

在第一课堂建设方面，极客实验室为动手实践学分课提供了教学场所，并配备了多媒体设备。在第二课堂建设方面，极客实验室创建了20多个以学生为中心的项目，包括黑科技、AI+艺术、极客美学生活馆和守艺人非遗工坊、文化体育等工作坊，开设了"极客创意动手实践课"系列课程。此外，还有"极客行星计划"和"畅谈学术创意沙龙"

等讲座项目，至今已成功举办80余场讲座。精品课程与精彩活动共同形成了独特的北大极客气质。

极客实验室建立了以学生为中心的教学管理团队，秉持鼓励学生跨院系合作探索、创意创造、开放包容和鼓励成长的理念，引导学生有组织地接受美学教育、动手实践教育和劳动教育。学生通过运用科技、人文和艺术的知识和技巧，提出了独特的创意，并通过实践将创意转化为实际成果。

在资源管理方面，极客实验室合理配置和管理教学资源，确保教学设备和材料的充分利用。同时，利用社会与自然资源，拓展了教学空间，丰富了教学内容，提高了课程的丰富性和实践性。

在管理机制上，极客实验室建立了以学生为中心的管理运营机制，制定了例会与联合办公制度、课程设备使用制度、课程活动管理制度等。在宣传推广上，极客实验室通过开设微信公众号，宣传了极客课程活动资讯，并提高了学生对极客美育的关注度和参与度。

## 五、总结与思考

美育是素质教育的重要组成部分。极客实验室致力于服务学生成长，通过第一课堂和第二课堂的结合为学生提供了丰富多彩的美育体验，提升了学生的综合素养和创造力。极客创意动手实践课鼓励学生在实践中深入探索与认识自己。学生通过参与实践课程，不仅掌握了艺术创作的基本技能，而且也显著提升了科技和艺术素养、实践能力、创新能力和团队合作意识。课程也促进了学生对中华优秀传统文化和非物质文化遗产的理解和传承，增强了学生的责任感、民族自豪感和文化自信。项目的实施还丰富了校园文化生活，营造了浓厚的校园艺术氛围。

未来，极客实验室将继续拓展项目课程内容，开发更多具有创新性和实用性的课程，满足学生多样化的学习需求；继续加强师资力量建设，引进更多优秀的艺术家和教育专家，提高教学水平和质量；进一步扩大社会合作范围，吸引更多社会资源，打造更加开放和多元的美育平台；不断提升科技在美育中的应用水平，探索更多智慧教育手段，丰富学生的学习体验；建立美育评估与反馈机制，及时了解学生的学习情况和需求变化，为美育的改进提供依据。

**学生感言摘录：**

通过课程，我感受到落叶展现的生命规律是人类文明还未高度发达时，人作为动物的本真生活状态——知道自己从万物中孕育，因而安静地将自己释放于自然，极安静、极自由。我们被他人塑造的世界观和自我认知"蒙蔽"了太久，早已忘了身为一个生命体，我们首先应该怎样生活，应该心怀什么。如能放弃人类社会通过身份、社会期望等加诸我们的一些自我认知，静下来回到自己的内心，叩问感受、追问原因，进而认识自己的天性和能力的边界，我们的生命也许能多一份自然吧。

——李轶萱

当我在磋磨中慢慢发现木的纹理时，我仿佛从中聆听着自然的故事，感受着和谐的韵律。木工是创作，也是学习与交流。它让我们与木头、与自然对话，这仿佛是一场心与心的交流。

——王昱颖

参与了极客木工课才知道，之前自己对"木头"的理解，太浅薄了些。在我眼中、手中、心中，它不再只是已经死去的纤维。一块木料，本有着自己的故事——那是它的色泽，它的纹理，它的气息。而我们对它的加工，或许是这段故事的续写。我们赋予它新的元素：锉削、打磨，造就它玉璧般的形态，赋予它平安出行的象征意义。我们也不忘原来的情节：上蜡、抛光，显出木料原原本本的明与暗、冷与暖、疏与密。拭去尘屑，让成品静静地躺在手心，感知着人体的温度。这则故事还在继续：让时间去继续书写吧。

——刘翰溥

我原本只是抱着好奇的心态报名了课程，没想到在韩老师的教学中获益良多！在葫芦上烙画本身就不是一件非常容易的事情，从未接触过烙画的我一开始烙得磕磕绊绊。但老师仔细指导我们烙画的笔法与细节，并且也向我们展示了刻字、画"蝠"等多样的艺术内容。多次尝试之后，我也逐渐掌握了烙画的技法。除了描轮廓、渲染、刻字，韩老师还给我们讲述了挑选葫芦的技巧，生动再现了挑选的细节与过程。总之，这是一门快乐与"干货"满满的课程，我很幸运选上了课程，收获了一个新的爱好！

——王郑烁

# 以影塑心，以美育人——大讲堂艺术影院打造"戴锦华教授导赏系列"美育品牌

周媛媛　梅笑晗

（会议中心）

## 一、项目概况

北京大学百周年纪念讲堂（以下简称"讲堂"）作为校园文化空间和育人阵地，不断探索和创新电影放映同美育深度融合新路径。"大讲堂艺术影院"是由讲堂策划、打造的北大校园影院的重要品牌，注重挑选具有艺术价值和思想深度的电影作品，致力于为广大师生提供独特的艺术体验，并力图通过影片中蕴含的对社会、人文、价值观的深层次探讨，引发师生观众的共鸣和思考。

为丰富数字时代育人手段，深化优秀电影的价值引领和导向作用，讲堂邀请专业导演、影评人和艺术教育者进行导赏解读，其中"大讲堂艺术影院·戴锦华教授导赏系列"活动获得热烈反响，深受好评。戴锦华是北京大学中国语言文学系的知名教授，是最早从事中国电影史论、文化研究的学者之一，曾在国内外十多个电影节担任评委或选委。她在电影评论领域的著作丰硕，其开设的"影片精读""中国电影文化史"等课程历来是校园内座无虚席的"爆款"。在导赏活动中，戴锦华教授以专业讲解引领师生观众多维度解读电影文本，观众不仅能从中获得更深刻的理解和认知，还可以在与老师的互动中碰撞思想、共享百年光影带来的奇妙体验。

"戴锦华教授导赏系列"活动作为在全国高校开先河的电影美育实践，融艺术欣赏、知识普及、学术思辨于一体，是"艺术+学术"的全新探索，是"经由银幕望向他者"的履践，为师生提供了独特的学习和思考平台。

## 二、项目设计理念

电影艺术的独特之处不仅仅在于故事本身,更在于用电影语言讲述故事的形式。基于这一理念,戴锦华教授和讲堂对导赏内容进行了精心策划,选片从内容到形式都展现出极大的丰富性:年代跨度大,地域范围广,涉及议题多。其中不乏未在国内院校上映过的小众艺术佳作,这些作品往往具有独特的艺术风格和深刻的表现力,为观众提供了不同于主流电影的视角和体验。这种丰富性和多样性使得导赏活动具有极强的吸引力,不仅能够满足师生对不同类型电影的审美需求,同时也为观众提供了更广泛的电影艺术启迪和思考空间。

"接触电影一辈子,在北大讲堂和师生做映后谈,对我来说是一次非常奇特的经验,也是我生命中的第一次。感谢北大讲堂给我这个机会,我将以我一生努力保持的真诚,以及和大家交流问题的愿望,跟大家分享这个艺术电影系列。"2022年3月9日晚,"戴锦华教授导赏系列"迎来首场放映——《天堂电影院》,当影片终了,场灯渐亮,掌声响起,戴锦华为观众们开启了电影理论的启蒙之门(图1)。

图1 2022年3月9日晚,电影《天堂电影院》拉开
"大讲堂艺术影院·戴锦华教授导赏系列"活动序幕
(摄影:王东隅)

在讲堂艺术影院这一独特空间中,戴锦华教授与近两千名师生共赴一场光影之约,观赏全球佳片,直面艺术与学术的交锋(图2)。2022年十部精选影片的放映,构成一幅斑斓的全球电影地图,也成为一场关

于影像、记忆与现实的深度对话。

两部具有"元电影"特征的经典——《天堂电影院》与《阮玲玉》——成为叙事的起点。戴锦华教授以抽丝剥茧的方式拆解其多层结构,引导观众凝视"看"与"看见"的缝隙,追问影像如何承载记忆,历史如何被真实与虚构共同书写。随后,《柏林苍穹下》与《穆赫兰道》在"元电影"维度上更进一步,回归电影本体,完成自我指涉。前者以天使之眼俯瞰战后柏林,在媒介实验与诗意流淌中,追问电影如何观看世界;后者则以梦境与现实的缠绕,投射出现代人欲望与恐惧的深渊,构筑一面破碎而真实的镜像。

现实主义的锋芒在肯·洛奇的两部作品中尤为锐利。《风吹麦浪》与《对不起,我们错过了你》以其毫不妥协的视角,刻画出被历史与体制碾压的普通人。观众在导演的战斗姿态中,体认良知的重量与人道主义的坚守,直面苦难,呼唤正义。

温情与治愈的力量则在《中央车站》与《海街日记》中缓缓流淌。两部影片以朴素而克制的镜头,凝视平凡劳动者的生命轨迹,在疏离与牵绊之间,重建亲情、和解与温柔的可能。

而《弗兰兹》以冷峻的色彩调度与战后创伤的叙事,追问爱与谅解的伦理边界;《大地与阴影》则以饱满而从容的笔触,揭开拉丁美洲"被切开的血管",在现代化的废墟上回望沦陷的故乡,完成一次深刻的历史凝视与情感返乡。

**图 2 戴锦华教授的导赏活动现场**
(摄影:王东隅)

对学生而言，戴锦华教授像一位领路人，她为学生打开了一个全新的窗口，将其个性化的感受浸润于共性的总括之中，使体系化的学术和人文的感性得到了完美的结合。"戴锦华教授导赏系列"活动的独特之处更在于，不仅能够深入电影内核，对影片的视听语言和叙事结构进行细致入微、鞭辟入里的剖析，同时还能使观众自由地在影片内外穿梭、经由电影观照当下；活动尤为重视影片的历史纵深、现实批判和人文关怀，放眼中外、纵横古今，以举重若轻的气度为师生勾勒出了一个非凡的光影世界。由于艺术与学术的双重魅力，"戴锦华教授导赏系列"活动吸引着师生走进电影世界，在电影中进行诚挚的对话交流。

## 三、典型活动案例

2023年，配合"北京大学国际战略年"，讲堂以多元视角推出了"走进电影大师"系列与"西班牙电影专题展映"（图3—5）。其中，"走进电影大师"系列专题活动聚焦两位极具国际影响力的导演——苏联导演安德烈·塔可夫斯基与韩国导演李沧东，按创作时间顺序放映其代表作，为观众展示了他们的电影创作历程与审美取向。

图3 走进电影大师：安德烈·塔可夫斯基导演专题
（图片设计：李洁茵）

**图 4 走进电影大师：李沧东导演专题**
（图片设计：李洁茵）

**图 5 西班牙电影专题展映**
（图片设计：李洁茵）

《伊万的童年》《飞向太空》《镜子》《潜行者》是塔可夫斯基的代表作。他善于构建一个极为个性化的哲学空间，在具有诗意美学风格的镜头下驰骋想象，同时不自觉地流露出对于历史、生活、大地的外部观照，以及对于人的自我价值、生命意义、"生死和爱"这样的终极价值和永恒命题的内在探寻。导演李沧东的三部电影《薄荷糖》《绿洲》《燃烧》，则从不同的社会切面揭露出小人物在时代历史中的浮沉与挣扎，影片对个体存在与尊严的细腻刻画，是对价值受挫的普通群体兼具冷峻与温情的发现与体认。

2023年正值中国与西班牙建交五十周年，"戴锦华教授导赏系列"活动在当年五月推出西班牙电影专题展映。无论是《九三年夏天》流露的克制隐痛的情感，还是《雨水危机》体现的人道主义反思，抑或是《深海长眠》探讨的死亡的权利与生命的归宿，以及《看不见的客人》悬疑模式下涌动的人性，都在光影缤纷之间为观众展示了普遍认知外的更全面的西班牙社会、历史与人文艺术景观。

为使学生更好地理解影片内涵、发掘电影艺术的魅力，在塔可夫斯基系列电影专题放映之际，讲堂与北大图书馆联合举办了"世纪诗情：阅读塔可夫斯基和他的《雕刻时光》"主题讲座。戴锦华教授担任领读导师，通过对塔可夫斯基《雕刻时光》这部电影创作谈的解读，将其电影作品放置到19世纪俄罗斯社会与文化环境的语境下，解析其如何以镜头"雕刻"时间，并以诗性视角阐释影片意蕴，激发新的感悟。

在塔可夫斯基系列电影放映结束后，讲堂特邀戴锦华教授在咖啡厅举办小型座谈会，近距离与学生深入交流，共同探讨电影和文学艺术对于人生、学术的意义（图6）。学生通过与戴锦华教授面对面对话，更好地解决了疑惑、理解了自我的意义，并借助艺术欣赏、艺术品评和交流互动的完整育人链条，提升了个人体悟能力，推动了人格完善。

**图6 戴锦华教授与同学们在讲堂咖啡厅座谈交流**
（摄影：王东隅）

2023年秋季学期，"戴锦华教授导赏系列"活动则以更宏大的视角，选取那些跨越数十年光阴、穿梭在世界不同城市的经典之作，探索了新旧文化的多元碰撞。观众走进大讲堂，从《绝美之城》中感受意大利电影黄金时代的诗意与哲学,从《诗》中窥见李沧东的冷峻、酷烈和悲悯,从上海国际电影节一票难求的史诗巨作《悲情城市》中洞悉宏大历史背景下个体的命运与浮沉,在《晒后假日》中与主人公一同细细编织自己的情感和记忆,在叩问历史的传记作品《汉娜·阿伦特》中为"平庸之恶"和"真理无惧"写下新的注解。

结合北京大学与中国电影资料馆联合推出的"重探中国电影史2023艺术影展"活动,戴锦华教授导赏了第二代导演费穆的《小城之春》和第四代导演黄蜀芹的《人·鬼·情》,引领观众在费穆超越时代的镜头语言中,看到东方文化中欲望和责任的张力;在黄蜀芹精致缜密的套层结构中,体会女性社会生存的双重困境(图7)。

**图7 大讲堂艺术影院·戴锦华教授导赏系列之《小城之春》现场**
(摄影:王东隅)

"大讲堂艺术影院"专题化的集中展映和戴锦华教授对电影艺术深刻的、有体系的文化解读,让学生察觉到世界的多样性与复杂性,领悟到电影语言所传达的跨越文化的情感和思想的力量。北大学子从戴锦华教授的导赏出发,探索了更深广的电影世界,结识了更多志同道合的朋友,获得了对自己所学专业的补充和启发。这种体验超越了传统的观影体验,让观众在电影中拓展了对他者和世界的理解,为个体的成长和情感丰富提供了重要支持。

## 四、项目组织实施保障体系

电影是北大文化生活的重要内容，看电影、听导赏已成为近年来北大师生在讲堂观影的新模式，这也是讲堂深化美育工作的创新方式。通过系列观影活动，许多学生开始接触到商业类型片以外的艺术电影序列，逐步掌握了理解影片主旨和分析影片细节的技术方法，不断触碰到历史、战争、全球经济、社会生存、个人生命等议题，在潜移默化中获得了智识、思维、视野与情感上的丰饶和成长。

每次观影活动结束后，讲堂都会将戴锦华教授的导赏内容整理为观影笔记在讲堂的微信公众号平台上发布，营造出北大校园内爱电影、喜阅读、善思考的"电影学术"氛围，使更多校内外观众能够通过文字感悟电影的深刻内涵和艺术力量。

## 五、总结与思考

"大讲堂艺术影院·戴锦华教授导赏系列"活动引领并践行了新时代的美育理念，在提升学生综合素质、拓宽艺术视野的同时，也使美育文化浸润了校园的每个角落。"戴锦华教授导赏系列"活动的推出和持续开展，推动了艺术资源与学术资源相互转化、支撑，美育与智育互相滋养、相辅而行，孕育生成开放包容的文化空间。

蔡元培先生在其《以美育代宗教说》中，将美育阐释为："纯粹之美育，所以陶养吾人之感情，使有高尚纯洁之习惯，而使人之我见、利己损人之思念，以渐消沮者也。"[①] 讲堂不仅积极探索了电影美育实践，更对其他许多高校起到了引领和带动作用。在未来，讲堂还将持续开拓创新、奋发作为，充分挖掘、激活校内外各方资源，为师生打造更多高质量的文化活动。

---

① 蔡元培. 以美育代宗教说[M]//高平叔. 蔡元培全集: 第3卷. 北京: 中华书局, 1984: 33.

## 附："大讲堂艺术影院·戴锦华教授导赏系列"学生观影感言

对于我个人来说，戴老师的导赏有一些特殊的意义。从导赏出发，我开始解锁中国电影资料馆的电影展映和其他艺术影院，给自己规划某些专题，把书、影、音结合起来"顺藤摸瓜"地梳理出一些神奇的脉络。我开始学着重新审视自己和周遭的世界，在书、影、音和现实世界里"看到他者、看见更大的世界"，学着"听从内心的声音、坚持自己的选择"。未来若有机会，我也希望自己可以举办一些类似的观影/导赏活动，把我从戴老师的导赏中获得的精神力量传递给更多的人。"爱电影的人终会相遇。"

——城市与环境学院2021级硕士研究生高远

通过戴锦华教授导赏系列活动，我逐渐认识到电影作为视听语言的特殊性以及区别于文字的不可替代性。戴老师的导赏使我得以把上述感性的认识凝练为理性的思考，永久收藏，她总是能够成功抵达我以为的不可言说之物。我的精神世界因此而前所未有地丰富着。在这样伟大辉煌的艺术作品乃至人类文明面前，我时常觉知我之渺小，一如在高手如云的校园中因为找不到自己的位置而感到困惑焦虑，很大程度上，是戴老师给了我面对未知的勇气。

——中国语言文学系2021级本科生郑沐涵

周三晚上的电影导赏活动是我每周重要的仪式，让我能在繁忙的学习生活中为电影留出固定时间，打开看向"别处"的窗口和看向自己灵魂的窗口。这对我来说意义深远：我的这颗在理科世界中时常变得僵硬干涸的心如得甘霖，慢慢恢复了敏感与柔软。这个系列活动也为我认识世界和思考人生问题的框架添上了更多的砖瓦。

——物理学院2022级博士研究生丁若轩

对我而言，每周三晚上的讲堂是我"逃离现实"、暂时丢下一切工作和情绪的场域，而戴老师就是那个带我逃跑的"驾驶员"。走进讲堂的艺术影院，从磕磕绊绊勉强跟上戴老师的思路梳理电影脉络，到终于体会到"烧脑"的观影快感，我衷心地爱上了艺术电影和它所包含的一切。感谢戴老师和讲堂引领我走进艺术电影的世界，为我打开了看向世界、望向他者的窗口。我们需要望向他人、理解他人、爱上他人，需要在因现代化、网络化而愈加疏离的社会中找回建立现实关联的本能，需要通过真正地看到他人而更好地认识自我。感谢戴老师打开了这扇窗，让我们看到了那透进窗口的光。

——临床肿瘤学院2022级博士研究生石景怡

# 深挖学科美育内涵，协同共建美育品牌
## ——北京大学图书馆"学科之美"系列讲座

童云海　李　峰　刘秀文　金　鑫　周建超

（图书馆）

## 一、项目概况

北京大学图书馆充分利用北京大学多学科综合性高校的优势资源，深挖不同学科的美育内涵，与各院系携手合作，精心打造了"学科之美"系列讲座品牌项目。该项目已成功推出了"生物之美""化学之美""数学之美""物理之美""地学之美"等系列讲座活动，为师生们呈现了一场场充满学术深度与美学体验的丰富活动，进一步推动了学科与美育的融合发展。

"学科之美"系列讲座致力于深入挖掘并展现学科内部所蕴含的美学元素，旨在激发学生对学科之美的欣赏与领悟。以数学科学为例，其独特之处不仅在于精美的图形、优美的公式和巧妙的解法，更在于其基础结构中隐藏着的令人陶醉的理性之美。作为科学领域的通用语言，数学不仅是对自然之美的客观映射，更是科学之美的精髓所在。

"学科之美"系列讲座为不同专业的学生提供了跨学科交流合作学习的平台，在加深学生对基础学科的理解和激发学习兴趣的同时，也拓宽了学生的学术视野，培养了学生的审美能力和创新思维。以"物理之美"系列讲座为例，94%的现场听众是非物理学专业的师生。学生反馈："老师的讲述深入浅出，可以让非物理专业的同学也能听懂讲述的内容，并且可以启发一些思考。""深度与通俗的完美结合，老师既展现了专业知识的深厚内涵，又以易懂的语言让复杂理论变得触手可及。"

"学科之美"系列讲座也是社会公众美育普及的重要平台。据不完全统计，有173万人次通过北京大学微信视频号等渠道观看"生物之美"9场讲座直播，有74万人次观看了"物理之美"两场讲座直播。基于北大融媒体宣传矩阵开展的直播活动极大提高了这一品牌活动的社会影响力，扩大了优质美育资源的覆盖面。

## 二、项目设计理念

### （一）依托学科资源，实现学科与美育的有机融合

1922年，蔡元培先生指出："凡是学校所有的课程，都没有与美育无关的"[①]，数学、物理、化学、生物等各门学科都同美育有密切关系。朱光潜先生认为："'地球绕日运行'，'勾方加股方等于弦方'一类的科学事实，和《密罗斯爱神》或《第九交响曲》一样可以摄魂震魄。……所以，科学的活动也还是一种艺术的活动……"[②] 李政道先生也说过"科学和艺术是不能分割的"。[③] 因此，不同的学科具有不同的美育内涵，通过将学科与美育结合，不仅可以提高学生的审美水平，还可以激活学生探究不同学科的兴趣，促进学科交叉融合，培养学生综合运用多学科知识技能解决问题的能力和核心素养。例如，"生物之美"系列讲座之"生命科学与视觉传达"，学生不仅可以从中学到美学、设计及传播等方面的基础知识，还可以了解如何以生命科学这一学科为载体，在兼顾美学和精确的基础上，有效展示生命科学成果。"数学之美"系列讲座之"音乐与数学"介绍了纯律与音程，三分损益与五声音阶、七声音阶，等比数列与十二平均律等数学与音乐千丝万缕的联系；通过该系列讲座，学生不仅了解了作为科学语言的数学既是自然美的客观反映，也是科学美的核心，而且激发了进一步探究数学奥秘的兴趣。

### （二）依托协同理念，实现学术与美育的融合浸润

图书馆与院系紧密围绕学科与美育结合的核心主题，充分发挥各自优势，携手策划、组织了一系列具有鲜明学科特色的美育活动。图书馆

---

① 蔡元培. 美育实施的方法 [M]// 高平叔. 蔡元培全集：第4卷. 北京：中华书局，1984：213.
② 朱光潜. 美是一生的修行 [M]. 北京：现代出版社，2019：256.
③ 李政道. 科学和艺术 [J]. 自然杂志，1997，（01）：1—5.

具备显著的文献资源优势，能够巧妙地将讲座内容与文献推荐相结合，为读者提供更为丰富和深入的学习体验。图书馆员在活动策划组织、沟通协调和宣传推广等方面积累了丰富的经验。院系具备学科优势，能够精准把握讲座主题，推荐强大的师资队伍，提供专业的学术指导；通过组织主讲人开设相互关联、层层递进的系列讲座，确保知识的连贯性和深度；同时为讲座配备专业的主持人，使其与主讲人紧密合作，共同提供有价值的知识信息，引导学生逐步深入探索学科领域，欣赏其中的魅力。

**（三）依托数字化手段，实现学科美育的广泛传播**

图书馆视觉设计工作室精心设计宣传海报，将美育普及与活动宣传相结合。同时，借助多样化的数字化手段，提升了学科美育的传播效率和覆盖范围，更在形式上丰富了学习体验。图书馆通过使用新设备和新技术，实现了讲座的多机位直播和录播，并支持主讲人与屏幕报告同屏显示。经主讲人授权后，图书馆还将所有讲座视频上传到多媒体资源服务平台"学科之美"专栏进行统一展示和保存。同时，通过图书馆网站、微信公众号以及学校融媒体宣传矩阵等多渠道推出的"学科之美"专栏，为师生提供了更为便捷的观看渠道。

## 三、典型活动案例

### （一）"生物之美"系列讲座

图书馆与生命科学学院合作举办了"生物之美"系列讲座，一共9讲，主题分别是"燕园草木之美""虎年观虎""自然摄影""飞羽之美——我们身边的鸟儿""蝴蝶之美——拟态的奥秘""扫描电镜下的生物之美""生命科学与视觉传达""生长的艺术""方寸之间的大千世界"。

正如该系列讲座的导语所述："生物之美，美在形态：万木争荣、琼枝玉叶、红花碧草、神奇微生物；生物之美，美在结构：细胞、组织、器官、个体；生物之美，美在行为：虎跃山林、鹰啸长空、骏马飞驰、鸟唱蝶舞；生物之美，美在生态环境：浩瀚的海洋、奔腾的江河、平静的湖泊、延绵的森林……"这一系列讲座全面展示出生物科学学科的不同维度之美。

以"燕园草木之美"讲座为例,该讲座介绍了燕园中拥有四百多年历史的树木。这些树木跨越了岁月的长河,见证了燕园数百个春秋的更迭,成为这片土地历史的忠实见证者(图1,图2)。燕园,既是一座精心设计的花园,也是自然的庇护所。在这里,花草树木按照园林的匠心布局生长,各类栽培品种争奇斗艳;同时,也保留着一些原生的植物种类,彰显着自然的纯粹与美丽。讲座中,顾红雅老师带领学生走进校园植物的世界,学习如何精准地识别那些容易混淆的物种,感受植物学

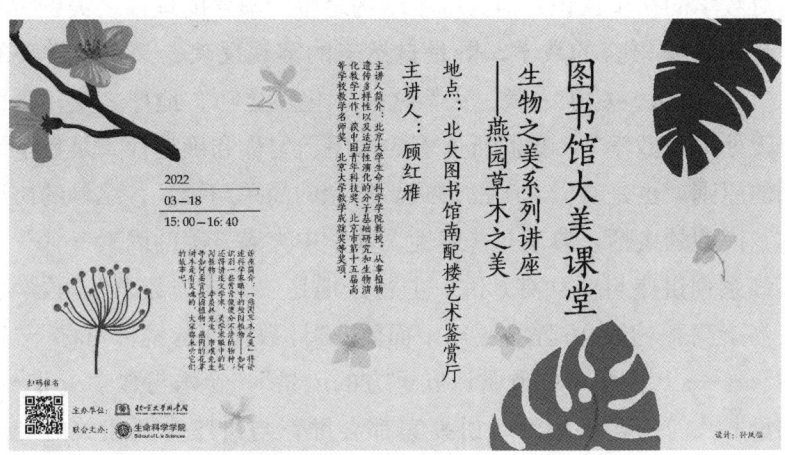

图1 "燕园草木之美"讲座海报

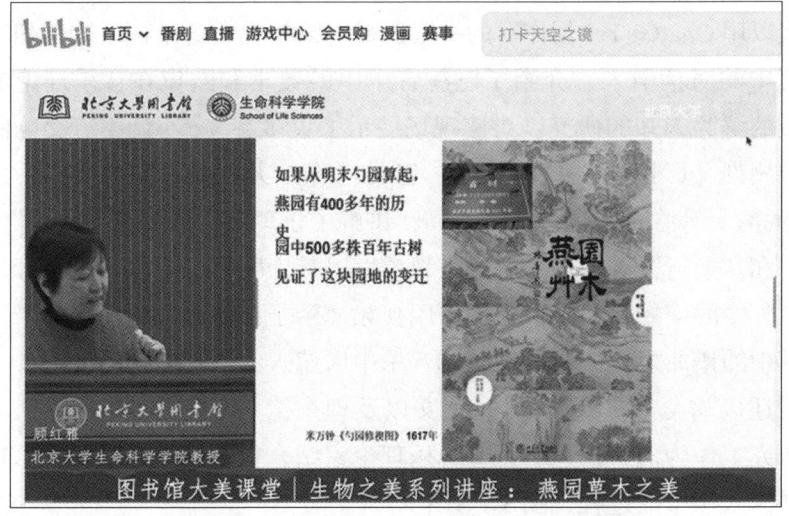

图2 "燕园草木之美"讲座线上直播界面

的魅力。此外，讲座还揭示了文学家和美学家眼中的燕园植物，如季羡林先生、宗璞先生等用独特的视角和细腻的笔触，将校园植物描绘得栩栩如生，让我们领略到植物背后的文化韵味和美学价值。

### （二）"数学之美"系列讲座

图书馆与数学科学学院合作举办的"数学之美"系列讲座则从数学思维、方程、对称、几何、音乐等不同角度展示了数学的魅力。正如该系列讲座的导语所述："精美的图形、优美的公式、巧妙的解法是我们对数学的初步认识，但其基本结构之中所蕴含的理性之美更引人入胜。作为科学语言的数学，既是自然美的客观反映，又是科学美的核心。'宇宙之大，粒子之微，火箭之速，化工之巧，地球之变，日用之繁，无处不用数学'。我们所追求的秩序、匀称和确定性，是数学研究遵循的原则，也是数学之美的形式。概念的简单与统一，结构的协调与对称，模型的概括、典型与普遍性，数学中充满着美的因素……"

该系列讲座目前共有 6 讲，主题分别是"音乐与数学""数学思维的美与崇高""五次方程与正二十面体""计数几何与镜像对称""透视与射影——几何学帮你欣赏诗和远方的风景""音乐与数学（Ⅱ）：巴赫与欧拉"。每场讲座的主讲嘉宾都会推荐与讲座主题相关的经典图书，这无疑开阔了学生的视野，激发了学生探究数学之美的兴趣。

在"音乐与数学（Ⅱ）：巴赫与欧拉"讲座中，数学科学学院王杰教授以用 ChatGPT "创作"的一段巴赫与欧拉在普鲁士国王腓特烈二世王宫中的对话引入，介绍了巴赫音乐中的数学和欧拉在音乐理论方面所做的鲜为人知的研究。讲座现场展示了贝多芬《c 小调第五交响曲》、勃拉姆斯《c 小调第一交响曲》、巴赫《降 E 大调前奏曲与赋格》以及《南泥湾》等脍炙人口的音乐作品，讲解了乐理知识中关于"移调""倒影"和"逆行"等的技法。王杰教授以巴赫为腓特烈二世所作《音乐的奉献》中的"螃蟹卡农"为例，用视频演示了如何用"莫比乌斯带"体现其中的谱曲规律，展示出巴赫音乐中所蕴含的数理知识。此外，王杰教授还以胡戈·黎曼、大卫·列文以及理查德·科恩等音乐理论家的相关研究工作为例，讲述了这些音乐理论家结合数学规律对欧拉音乐理论开展深入探索的过程（图3，图4）。

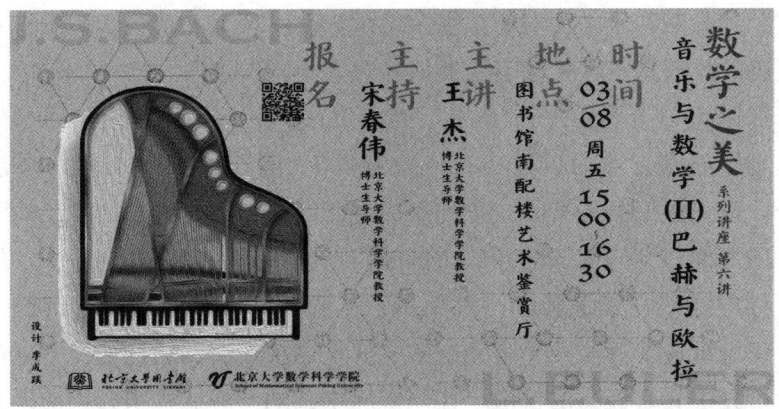

图3 "音乐与数学（Ⅱ）：巴赫与欧拉"讲座海报

图4 "音乐与数学（Ⅱ）：巴赫与欧拉"讲座现场签名赠书
（拍摄：桑磊）

## （三）"物理之美"系列讲座

图书馆与物理学院合作举办的"物理之美"系列讲座也是物理学院成立110周年庆典活动的重要组成部分。目前完成的6讲主题分别是"石墨烯——从单层到十万层""中国脉冲星测时阵列进展""应用物理学：癌症诊断和治疗""全球变暖，我们有多确定？""质量从何而来：希格斯物理研究""物质可以有多冷？走近超冷原子的奇妙世界"。

物理之美是客观世界呈现的美妙现象，是自然规律的简洁与和谐，是人类对自然秩序的洞察和理解，是对探索未知世界的敬畏之情。正如杨振宁先生所说："我们所探求的方程式是大自然的诗歌。"大到宇宙天体,小到微观粒子,面对纷繁复杂的世界,一代又一代科学家秉持对物理之美的孜孜探求,推动着人类认知边界不断扩展。

以讲座"石墨烯——从单层到十万层"为例,该讲座从科学的角度呈现了石墨烯美丽且独特的结构(图5,图6)。石墨烯是由单层碳原子以正六边形的层状方式排列而成的二维晶体,这种独特的结构赋予了石墨烯许多令人惊叹的性质。例如,石墨烯是目前已知的最薄、最坚硬、导电导热性能最强的一种新型纳米材料,它的强度超过钢铁数十倍,却比纸还要薄,几乎是完全透明的。这种完美的结构使得石墨烯在科学研究中具有极高的价值。在该讲座中,刘开辉老师从石墨烯研究的历史背景切入,探讨高质量单晶石墨烯的制备方法,并分享科研团队在石墨烯单晶制备领域取得的重要进展,例如横向上制备米级单晶石墨

图5 "石墨烯——从单层到十万层"讲座海报

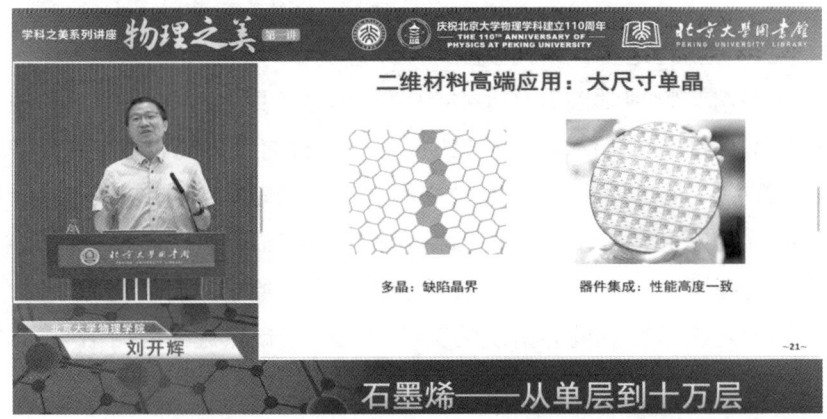

图6 "石墨烯——从单层到十万层"北大微信视频号直播截图

烯，可以大幅提升材料尺寸及性能；纵向上精准调控制备单层、双层至十万层石墨烯，可以满足不同器件应用需求。此外，科研团队所开发的单晶生长技术同样适用于其他二维材料的设计生长，并有望推动建立具备我国自主知识产权的"中国牌"二维单晶材料库。该讲座还设计了现场交流环节，主讲嘉宾与对话嘉宾共同探讨了石墨烯这一新兴材料科学研究的发展趋势。

**（四）"化学之美"系列讲座**

图书馆与化学与分子工程学院合作的"化学之美"系列讲座已经举办8讲，主题分别是"因简单而美丽的点击化学与生物正交化学""化平凡为神奇的稀土元素""核药物：靶向肿瘤的生物核导弹""分子建筑学的美与用""'看见'化学""动态有序的超分子世界""大师的顿悟与文明的发展——胶体与界面化学漫谈""化学与社会：变革的起点"。

化学之美，美在实验：装置美、操作美、现象美、设计美；化学之美，美在理论：从多样中寻求统一、从统一中演绎出多样；化学之美，美在用语：形式简明、内涵丰富、书写方便；化学之美，美在形态：金刚石的晶莹华贵、无色水晶的无瑕透亮；化学之美，美在结构：$C_{60}$的足球形状、金刚石的正四面体结构……

以讲座"分子建筑学的美与用"为例，张文彬老师介绍了蕴含在分子设计和分子排列中的结构之美和思维之美，带领观众欣赏分子建筑学的"无用之用"（即科学的品位与审美）和"有用之用"（即具体的知识和技术），充分展示出化学作为一门核心学科，其搭建起的沟通微观和宏观物质世界的重要桥梁，是人类认识和改造物质世界的重要途径（图7）。

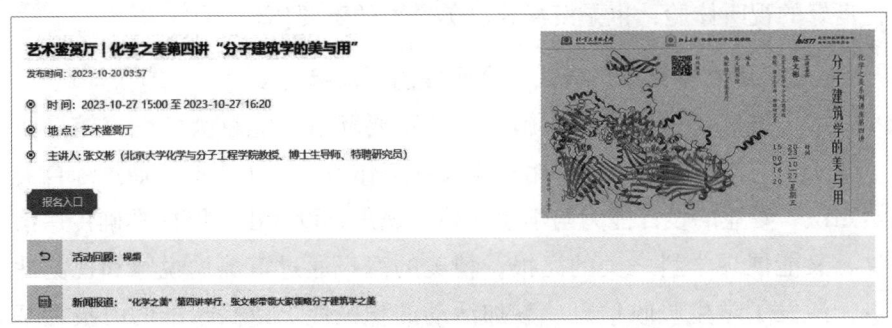

图7 "分子建筑学的美与用"图书馆新主页讲座通知

## 四、项目组织实施保障体系

### （一）加强顶层设计，建立标准化工作流程

图书馆高度重视美育育人工作，《北京大学图书馆"十四五"（2021—2025年）发展规划》中明确提出："加强审美教育，开展多样化的知识服务、科学交流服务、艺术鉴赏服务，逐步形成新的阅读活动与美育活动品牌。"图书馆致力于创造更多视听享受与思想启迪的机会，以美育人，激发学生的探索精神，丰富其文化底蕴。其中，"学科之美"系列讲座是这一战略下的重要品牌项目。

"学科之美"品牌项目由图书馆科艺文交流服务团队负责组织实施，专人专岗的组织结构确保"学科之美"品牌服务的专业性和效率。团队逐步建立了一套标准化的工作规范与流程，涵盖了活动的策划、宣传、组织、实施等各个环节。通过制订详细的活动计划，明确了各个阶段的任务和时间节点；通过定期的会议和沟通，确保团队成员之间的协作与配合，为项目的实施提供了坚实的保障。

### （二）建设美育育人空间，持续提升用户体验

图书馆高度重视学生的交流、艺术欣赏、休闲等活动对空间的需求，因此对艺术鉴赏厅进行了全新设计，以用作"学科之美"系列讲座的活动场地。艺术鉴赏厅采用宽空间、大场景的设计，可以根据讲座和其他各种活动的不同内容和形式调整桌椅的位置。厅内还配备了多屏幕显示投影系统、充足的收/扩音设备、可调节灯光系统等，能够进行多机位的直播录播。高水平的技术设备使现场观众和线上观看用户都能获得良好的视听体验，也是沉浸式以美育人的重要体现。

### （三）建立多元推广模式，全面提高活动参与度

宣传推广是保障项目实施效果的重要环节，北京大学图书馆形成了多元化的推广模式。图书馆视觉设计工作室的学生志愿者通过综合美学知识、专业的设计能力与学生的独特视角，设计出了既能准确传达信息，又能展现学科之美的海报；精美的海报通过审美愉悦感和视觉冲击，激发了学生吸收信息、参加活动的积极性。以高水准的海报为基础，图书馆和院系协同依托多个平台、线上线下多渠道宣传活动；此

外，还通过图书馆带班馆员团队、学校团委等相关部门，将活动信息传递给学生。在讲座结束后，及时撰写新闻稿，以在全校范围内广泛宣传。

"学科之美"系列讲座通过北京大学融媒体宣传矩阵进行现场直播，还录制了活动视频并保存在多媒体服务平台供学生随时观看，这种多平台的宣传策略也拓展了活动的覆盖范围，吸引了更多学生的参与。

## 五、总结与思考

高等学校图书馆不仅是知识和信息的传播中心，也是以美育人的重要基地。图书馆在举办"学科之美"系列讲座的过程中力求展现美育创新性，探索多主体参与北京大学美育改革发展路径；与院系协同创新，通过把学科与美育相结合、线上和线下相结合、一次讲座和讲座视频长期保存相结合、校园服务和社会影响力彰显相结合、日常组织和品牌化建设相结合，为学生提供了更丰富的美育内容。

"学科之美"系列讲座项目并非一次讲座，也非短暂的一学期或一年系列讲座，而是在一个核心主题引领下，长期开展、持续进行、具有稳定性和连续性的品牌活动。通过该系列活动，我们期望搭建一个长期、稳定的学术与美育交流平台，带领学生深入探索学科之美，引导学生对这些学科产生浓厚兴趣，激发学生的研究动力和创新潜能。

未来，图书馆将继续完善与校内外有关机构的协同创新机制，进一步融入学校人才培养的全过程，在美育改革创新发展中发挥重要作用，协同培养更多具有艺术情怀以及科学和人文素养的优秀人才，为学校的学科建设及人才培养提供坚实支撑。

# 以美育人，以文化人
## ——图书馆传统文化美育实践探索

季 梵  刘秀文  金 鑫  祝 帅

（图书馆）

## 一、项目概况

近年来，图书馆秉承"大美育"的顶层设计理念，依托北京大学的特色美育资源和学科优势，深挖中华优秀传统文化的美育内涵，以空间改造为契机，充分利用馆藏特色美育资源，探索开展面向全校师生的大美育实践。通过积极创新体制机制，建立高效协同的美育服务团队，打造具有美育特色的实践服务模式及协同工作体系，图书馆建成了以馆藏展览、文化讲座、文化体验、特色资源推介等为核心内容的多元化传统文化美育实践体系，形成了多个具有影响力的传统文化美育实践品牌活动。

多年来，图书馆围绕活动品牌建设、栏目策划、宣传渠道拓展、服务对象研究等方面，开展了一系列关于内部运行模式的探索。通过与中华优秀传统文化传承基地等合作，图书馆举办了"中华传统艺术之美""走近中国书法"等系列活动；通过整合讲座、电影导赏、音乐会、昆曲和黄梅戏工作坊、京剧鉴赏会等多种形式，为师生提供了丰富的审美体验，有效深化了学生对传统文化的认知，培养了学生的审美鉴赏力。

## 二、项目设计理念

图书馆在开展系列品牌活动的过程中力求突出美育创新性，注重体制机制创新，探索多主体参与北京大学美育改革创新发展路径；同时致力于弘扬中华优秀传统文化，为师生提供全面的、丰富多样的美育体验。

在资源利用上，图书馆充分整合、利用本校的特色美育资源。除了利用本馆资源外,在活动策划与组织方面也重视与校内其他单位的协同合作,通过邀请专业的主讲专家和系列讲座主持人,与学生社团、社会团体等深入合作,推动了校园"大美育"工作的开展。同时,图书馆提供了高质量的场地和先进的技术设备,如可移动自由组合桌椅、多屏幕显示投影系统、收/扩音设备以及直播录播硬件设备,为学生创造了良好的学习和交流环境(图1)。

**图1 "走近中国书法"讲座的直播现场**

在活动策划上,图书馆以"艺术鉴赏厅""强国展厅"两个场地为依托,开展讲座、展览、工作坊等形式多样的特色美育活动,并注重拓展活动的受众层次。活动既包括知识普及性、文化体验性活动,为学生提供了与传统文化亲密接触的机会,使他们在学习中感受中华优秀传统文化之美的独特魅力;也包括理论性和学术性较高的活动,为相关领域的研究者、爱好者搭建了沟通交流合作平台。此外,通过开设"走近中国书法"品牌讲座,形成了具有固定时间和主题的品牌活动,活动内容紧扣"传统文化之美",深挖北京大学特色美育资源。

在宣传推广上,图书馆采取多元化的宣传策略,确保活动的广泛参与度和深远影响力。以"走近中国书法"系列讲座活动为例,图书馆在北大新闻网、北大校内门户、图书馆官方微信公众号、图书馆官方网站等平台发布讲座预告信息。在控制现场人数的前提下,来自全校70个院系及部门的2700余名师生报名参加了现场讲座。此外,每场讲座都会进行录制,录像将上传到图书馆多媒体服务平台上的相关专栏(图2)。同时,图书馆与学校宣传部密切合作,利用北大官方微信公众号、北大新闻网等渠道进行拓展宣传,让展览、讲座等活动在结束后依然

"延续生命",进一步提升了活动的社会影响力。

图 2 北京大学图书馆多媒体服务平台开设"走近中国书法"系列讲座活动视频专栏

## 三、典型活动案例

### (一)"走近中国书法"系列讲座

1917年,北京大学诞生了我国综合类高校中的首个书法社团——北京大学书法研究社。次年,时任北京大学图书馆馆员的王岑伯出版了我国第一部新式书法史书《书学史》。百余年来,北京大学以美育和跨学科的视角参与书法和书法史研究,在中国书法教育史上做出了独到的贡献。"走近中国书法"系列讲座正是这一深厚传统与现代美育理念充分融合的体现(图3)。

图3 "走近中国书法"系列讲座活动现场:第一讲"王铎与书法中的'先在'"

2022—2023年间,系列讲座活动共成功举办16场(表1)。讲座以中国书法的历史与理论为中心,通过学术探讨与美育育人相结合的形式,为北大师生提供了深入学习的平台。系列讲座中,诸多知名书法家和教育家深入浅出地讲解了中国书法的历史渊源、艺术特点和审美价值,同时结合实践演示和互动体验,让学生能够亲身感受到中国书法艺术的独特魅力,从而提升审美能力和艺术修养,培养创新思维和表达能力。活动为学生综合素质提升和个性发展提供了有力的支持。

**表1 "走近中国书法"系列讲座活动统计**

| 序号 | 活动时间 | 主题 | 主讲人 |
| --- | --- | --- | --- |
| 1 | 2022年3月25日 | 王铎与书法中的"先在" | 邱振中,中央美术学院教授、博士生导师,中国美术学院教授、博士生导师 |
| 2 | 2022年4月8日 | 老北大与中国书法研究 | 祝帅,北京大学艺术学院研究员、博士生导师 |
| 3 | 2022年4月19日 | 古籍版刻书迹例说 | 祁小春,中国人民大学"杰出学者"特聘教授,中国人民大学艺术学院绘画系教授 |
| 4 | 2022年4月29日 | 清代的碑学及其影响 | 刘恒,《中国书法》杂志学术委员、西泠印社社员、沧浪书社社员 |
| 5 | 2023年3月30日 | 中国书法之道、器 | 张辛,北京大学教授、博士生导师 |
| 6 | 2023年5月11日 | 醉来为我挥健笔——略论草书艺术的美学精神与生命哲学 | 白锐,北京大学医学人文学院美学与艺术教育中心讲师 |
| 7 | 2023年6月8日 | 书法艺术的本体与审美——从20世纪上半叶学者的书法思想展开 | 胡抗美,中国书法家协会顾问、中国国家画院研究员 |
| 8 | 2023年9月28日 | 敦煌写经及其书法艺术 | 毛秋瑾,苏州大学艺术学院教授,北京大学人文社会科学研究院邀访学者 |
| 9 | 2023年10月26日 | 世界视野下的中国书法 | 郑晓华,中国人民大学艺术学院教授,国务院政府特殊津贴专家 |

(续表)

| 序号 | 活动时间 | 主题 | 主讲人 |
|---|---|---|---|
| 10 | 2023年11月2日 | 体验书写，享受书法——书法艺术学习漫谈 | 洪厚甜，第十四届全国政协委员、全国政协文化文史和学习委员会委员，中国国家画院书法篆刻所副所长、民盟中央美术学院副院长，中国艺术研究院书法院研究员 |
| 11 | 2023年11月16日 | 中国书法——从笔法到创作 | 朱天曙，北京语言大学中国书法国际传播研究院执行院长、中国书法篆刻研究所所长、博士生导师，北京大学人文社会科学研究院邀访学者，中央美术学院特聘教授，全国高等书法教育协会副会长 |
| 12 | 2023年11月23日 | 汉字书法的用笔理论——从《笔阵图》到《永字八法》 | 卢永璘，北京大学中国语言文学系教授、博士生导师 |
| 13 | 2023年11月30日 | 汉代的篆书 | 李宗焜，北京大学人文讲席教授、博士生导师，曾任"中研院"史语所研究员、历史文物陈列馆主任，台湾大学兼任教授 |
| 14 | 2023年12月14日 | 反丑书还是反俗书 | 张旭光，中国书法家协会原副秘书长、荣宝斋艺术总监、书法院名誉院长 |
| 15 | 2023年12月21日 | 我们有过怎样的书法传统？ | 朱培尔，《中国书法》杂志社社长、主编，中国书法家协会理事，西泠印社理事 |
| 16 | 2023年12月28日 | "书画同源"与"以书入画"：书法何以成就文人画？ | 冯健，北京大学城市与环境学院研究员、博士生导师，北京大学燕园印社社长，《大众书法》杂志常务副主编 |

## （二）中国书法相关展览

图书馆充分利用"强国展厅"，撷取具有代表性的馆藏珍品，举办与传统文化相关的系列普及性展览；以特定主题的系列珍藏为切入点，以图文并茂的方式对相关传统文化进行概况讲解，将展览与教学相融合，让师生在观展的过程中能够深入了解相关展品背后的文化传承之路。

目前已举办的中国书法相关展览包括：围绕唐宋时"四大名砚"之首的红丝砚而展开的揭示砚台、砚台拓片作品与当代书画家创作之间关系的"灵气所钟——山东临朐红丝砚历史文化展"，展示馆藏书画珍品并介绍中国书法简史的"芸台丹青：北京大学图书馆藏书画珍品展"（图4），等等。

图4 北京大学官网主页介绍"芸台丹青：北京大学图书馆藏书画珍品展"

（三）"文化工作坊"系列文化艺术活动

图书馆从2017年11月起推出"文化工作坊"系列文化艺术活动，旨在丰富图书馆的活动内容和形式、拓宽学生的文化视野、促进校园文化建设，为广大师生与社团提供丰富多彩的文化活动展示平台。工作坊以小规模、多样化、内容丰富的系列品牌活动为主要活动形式，通过高频次举办活动来逐步积累关注人群和扩大自身的影响。①

目前已推出了古琴艺术与礼乐精神讲座、燕园落叶艺术展、油画临摹、音乐赏析、书法临摹、古籍装订体验等多场主题活动。

---

① 初广志. 中国文化的跨文化传播——整合营销传播的视角 [J]. 现代传播（中国传媒大学学报），2010，(04)：101—106.

## 四、项目组织实施保障体系

### （一）搭建高水平交流活动的校园平台

图书馆目前有科学报告厅、艺术鉴赏厅、多功能厅（和声厅）、强国展厅、华彩展厅和师生研讨空间等不同类型的场馆，以丰富多样的前沿科技报告、学术论坛、科研组会、艺术演出、电影展映、作品导赏、艺术工作坊、名家沙龙、活动庆典等活动构建起校内科艺文交流大课堂。

### （二）构建内部协同工作模式，打造专业服务团队

图书馆的管理团队不断探索和优化内部运行模式，为活动提供先进的技术设备和专业服务团队，确保了活动的高效运行。目前图书馆已形成内部协同工作模式，通过跨部门的交流与协作，以及与学生志愿者的密切配合，确保了科艺文交流活动的高效运作。

## 五、总结与思考

中华优秀传统文化独特的价值观和价值体系，为构建校园文化与育人环境提供文化引导力和精神原动力。习近平总书记提到："中华优秀传统文化已经成为中华民族的基因，植根在中国人内心，潜移默化影响着中国人的思想方式和行为方式。"[1] 大学图书馆是学校人才培养体系的组成部分，是国家文化繁荣的重要标志，是信息化生态的引领者。[2] 深度挖掘、整合图书馆传统文化资源，持续开展可持续、多元化、多平台的美育实践活动也成为其主要职责。在拓展具有美育价值的内容的过程中，图书馆应树立以受众为导向的理念，结合自身定位和发展规划的需要，在组织与策划上从认知度、共情度、品牌性等维度进行考量，兼顾知识普及、科研交流等多层次的美育价值。

图书馆以"走近中国书法"为主题开展的系列讲座活动，其内容组

---

[1] 习近平. 习近平著作选读：第1卷[M]. 北京：人民出版社，2023：241.
[2] 陈建龙，邵燕，张慧丽，等. 大学图书馆现代化的前沿课题和时代命题——《大学图书馆现代化指南针报告》解读[J]. 中国图书馆学报，2022，48（01）：17—28.

织和机制构建为图书馆美育实践探索出了一系列可行性较高的路径，也可在后续工作中进一步拓展推广。具体的路径如下。

一是对认知度较高的文化符号进行策划和呈现。图书馆的古籍、特藏类资源，是此类文化符号的重要载体。借助古籍、特藏类资源进行馆藏馆史和传统文化的宣传，不仅素材丰富、便于传播创新，而且易于被接受和理解，可有效提升师生对图书馆品牌和传统文化的认知度与认同度。

二是通过内容归类、主题揭示等手段全面细致地展现图书馆资源和服务背后所蕴含的文化背景和价值内涵，选择共情度高的元素，以师生熟悉且喜闻乐见的语言和形式，生动讲述中国故事，推动中华优秀传统文化的传承与弘扬。沉浸式、融合化的传播方式，可以有效激发受众的情感共鸣与认同，充分发挥情感凝聚与文化激励的双重作用。

三是在对美育资源挖掘的过程中，关注图书馆自身的特征性、个性化元素的确立，坚持立足本校特点，打造符合图书馆发展规划、服务学校"大美育"工作的品牌性内容。

四是在活动内容设计上兼顾不同层次受众的需求，既包含通过系统性展示开展的体验式、沉浸式美育活动，帮助受众更好地理解中华优秀传统文化所蕴含的艺术精神、文化底蕴和价值观，也包括可作为重要补充的专题理论研讨等学术交流活动。

**参考文献：**
① 王敏，曾繁仁. 高校大美育体系的现代化建构 [J]. 中国高等教育，2017，(07)：7—10.
② 陈建龙，刘素清，刘宇初. 全面建设世界一流的综合性创新型智能化标杆位大学图书馆——《北京大学图书馆 2019—2022 年行动纲领》实效综述 [J]. 中国图书馆学报，2023，49（05）：14—25.
③ 陈建龙. 中国式现代化新征程上高校图书馆事业的高质量发展 [J]. 大学图书馆学报，2022，40（06）：5—7.
④ 张月群，俞海平，丁青. 高校图书馆文化服务品牌建设策略 [J]. 图书情报工作，2014，58（19）：68—73.
⑤ 季梵，及桐. 北京大学图书馆传统文化国际传播实践案例——基于整合营销传播视角 [C]. // 中国图书馆学会年会论文集（2022 年卷）. 北京：北京大学图书馆，2023：506—512.

# 依托文化艺术类社团提升高校美育质量：
# 北大剧社戏剧实践工作坊建设

孙永臻　林奕成　杨靖晗　王雨辰
（校团委）

## 一、项目概况

北京大学学生社团作为北大学子基于共同兴趣、爱好、志向和责任感自发组成的学生团体，是高校"第二课堂"的重要组成部分，也是学校推进美育工作的重要窗口。在学校党委的领导下，团委作为北京大学学生社团的管理单位，凝聚青年、引领青年、赢得青年，坚持思政引领在前，育人落实在先，在文化艺术类学生社团建设和发展上进行更具针对性的指导，同频共振深化思想向心力，提质培优加强青年参与力，因此涌现了一批品牌效应显著、育人效能突出的文化艺术类社团，形成了以北大剧社等一批艺术类社团为重要载体的学生文化艺术实践工作坊。

北大剧社戏剧实践工作坊是文艺社团参与美育实践的典型范例，以专业的文艺素养和深厚的社团积淀成为北大社团中的一抹亮色。自1982年北大剧社创立以来，剧社成员们一直秉持着对戏剧的热爱，在艺术的探索中实现了对美的体察和自我的提升。经过长期探索，通过剧本朗读会、表演训练、戏剧分享、观剧团等常规活动和每学期至少一部原创或改编的年度大戏、新人小戏，北大剧社形成了较为完备的社团实践体系和美育建设方案，并围绕新人培养周期开展了实践工作坊的全流程设计。

## 二、项目设计理念

北大剧社制定了表演训练系统、联演实践工作坊和学期大戏的"三步走"发展策略，形成了较为完备的社团实践体系和美育建设方案，创新性、系统性地开展了丰富多彩的活动，培养了全方位的戏剧人才，剧社在导演、演员、舞台监督、音效、灯光等方面都人才辈出。

表演训练系统奠定了戏剧实践工作坊表演基础。北大剧社每一学年组织4~5次表演训练，通常在秋季学期组织"填充空间""发声训练""动态群像""静止群像"等常规性训练，在春季学期组织"聆听与叙述""布朗运动"等主题训练，帮助学生训练发声技巧、肢体动作，培养舞台感知力，加强对气息与肢体的控制，增强对故事的理解和对表演层次的掌控。

短剧联演创新搭建了戏剧实践工作坊展示舞台。北大剧社创新展示形式，每年会开展短剧联演，搭建戏剧实践工作坊展示舞台；通过短剧嘉年华、新人小戏（图1）等形式，用创新性的剧本和个性化的表演形式为爱好戏剧的学生提供一个展现自我、提高能力的舞台。

学期大戏品牌活动展现了实践工作坊的育人成效。近三年来，北大剧社每学期会推出3~4部大戏（图2）作为剧社的品牌活动，在扩大社团影响力的同时，也为社团成员充分展现自身积累的戏剧功底和热爱提供了舞台，因而成为戏剧实践工作坊最亮丽的名片。

**图1 2023年春季学期新人小戏《飘》海报**

（来源：北大剧社）

**图2 2023年春季学期大戏《三姐妹》海报**

（来源：北大剧社）

## 三、典型活动案例

《赵氏孤儿》剧本朗读活动是北大剧社戏剧实践工作坊建设的一次有益尝试，为提升学生文艺素养、繁荣社团艺术文化、促进校园美育建设提供了更广阔的平台。此项活动也通过与专业院团的有机联结与交流，为戏剧实践工作坊成员提供了深度参与剧本朗读编排、参与系列大师对谈等文艺活动的机会，在引领学生感悟戏剧经典的力量、感受艺术之美的同时，也深化了戏剧实践工作坊的创新实践，推动了戏剧文化的普及。

2023年，依托"'大团小团手拉手'市属文艺院团与首都高校艺术社团结对共建"项目，团委和北京人民艺术剧院（以下简称"北京人艺"）组织北大剧社等社团成员联合排演《赵氏孤儿》剧本朗读项目，双方进行了精心的筹备。2023年7月—8月，团委与北京人艺进行了多次交流对接，讨论了学生社团参与现场演出的具体方案。在此基础上，团委组织北大剧社、音乐剧社等艺术社团成员参与了北京人艺举办的创作分享会，社团成员前往北京人艺实地观摩戏剧排练（图3），从而得以借助宝贵机会深入交流，感受大师风范、品味戏剧之韵。

**图3 北大剧社社团成员来到北京人艺实地观摩**
（来源：北京人艺）

2023年8月14日，《赵氏孤儿》剧本朗读项目剧组正式成立，北大剧社等艺术社团的24名参演学生全身心投入紧张的排练工作。剧组克服暑期休假和新学期学业压力等困难,根据进度情况,安排了近20次线上、线下排练,演出前一周更是密集开展现场彩排。北京人艺导演唐烨、朱少鹏从发声、台词、走位等方面对剧组进行了全方位专业系统的全程指导,北京人艺青年演员王俊淇也亲身参与并为参演学生示范表演。为了在舞台上更好地放开声音、融入角色,参演学生在北京人艺老师的指导下坚持每天进行扎实的基础训练:上台规矩的直角方步、一段《数枣》绕口令、几句明快的《四声歌》……从而使专业能力和综合素质显著提升(图4)。

**图4 社团成员在老师的指导下认真排练**
(来源:北京人艺)

2023年9月22日晚,《赵氏孤儿》剧本朗读活动在北京大学新太阳学生中心"九一剧场"拉开帷幕。剧组以剧本朗读的形式完成了此次新版《赵氏孤儿》的表演,以全新角度重新思考和解读了流传两千余年的传奇故事(图5)。在两个小时的表演中,参演学生把自己对角色的理解和对戏剧的热爱淋漓尽致地呈现在舞台上,为现场观众带来了一场艺术盛宴。从排练到演出,学生时刻感受着"人艺人"对戏剧艺术的崇高追求,也在接受专业指导的同时将这份艺术的美内化于心,更深切地感受着戏剧文化的独特魅力。活动不仅使剧社参演学生拓宽了视野,也让北大师生获得了美的体验,真正体会到"戏比天大"的精神内涵。

图5《赵氏孤儿》剧本朗读表演现场
（来源：北京人艺）

在本次《赵氏孤儿》剧本朗读活动的良好示范下，团委与北大剧社将持续推进学生文化艺术实践工作坊的建设，以守正创新的正气和锐气为建设文化强国贡献青春力量。

## 四、项目组织实施保障体系

为充分发挥学生艺术社团美育工作阵地的强大功能，北京大学团委作为学生社团管理部门切实落实学校美育要求，务本求实、守正创新推进社团日常管理与服务工作，建设"思想引领、资源支持、宣传推广"三位一体的保障体系。

### （一）突出工作方向引领，切实解决实际困难

团委注重社团实践工作坊方向引领，持续建立健全与学生社团常态化沟通交流机制。一是建立社团专属联系人制度，实现团委与北大剧社主要负责学生及各剧组的及时交流，对戏剧实践工作坊排练空间、展演场地申请等各类实际需求及时进行解决与回应。二是通过"社团领航"社团发展恳谈会、"四方沙龙"座谈会，一对一、点对点地与北大剧社及其所在挂靠单位沟通，定期了解北大剧社戏剧实践工作坊的活动开展、组织建设等情况，把握工作坊活动方向，及时与北大剧社负责人交流工作进度。三是通过"文化艺术类社团论坛"等创新形式，围绕实践

工作坊日常训练、人员招募、观众组织等多方面内容，组织北大剧社与其他文艺类社团进行经验分享和小组研讨，增进朋辈互动，凝聚支持力量，助力以戏剧实践工作坊为代表的多家社团实践项目的顺利开展。

### （二）加强多元资源支持，专项项目重点跟进

团委在场地、资金与校地共建等方面为北大剧社戏剧实践工作坊提供了多元资源支持。在实践工作坊建设过程中，为工作坊提供较为固定的活动场所以开展日常社团活动。例如，提供新太阳学生中心"九一剧场"以满足戏剧类日常演出、舞台展示需求，联动教务部保障教学楼提供闲时教室场地，联动百周年纪念讲堂提供观众厅、李莹厅等大型演出场地，为高质量品牌活动提供了更丰富的场地支持。同时，依托北京大学拉卡拉社团发展基金评审，团委采用项目制评审与支持方式，对实践工作坊进行立项资助与监督管理，以此鼓励社团工作坊建设。

此外，团委也加强了同北京人民艺术剧院、北京市文联、北方昆曲剧院等文化艺术相关单位的交流合作，努力为北大剧社等社团提供更专业的工作坊日常实践指导、更多元的师资引导、更丰富的校外实践机会和更宽广的展示平台，有力支持了北大剧社每年新人教学、学期大戏等活动的顺利举办，并取得了良好的效果。

### （三）拓展多样宣传渠道，营建美育育人阵地

在宣传阵地构建层面，团委积极调动各类育人力量，联动各类宣传平台，推动社团知名度提升，扩大工作坊影响力。线下，通过搭建平台做好引领，举办社团集体招新活动，助力社团招募更多新生力量，并依托社团文化节、舞台展演等活动，为社团提供风采展示的平台。线上，通过北京大学官方微博、团委微信公众号等对剧社活动进行宣传，协助出品《热爱，在北大永不落幕！》《向着话剧宇宙，出发》等多篇精品文章，积极利用北京大学融媒体宣传矩阵充分彰显北大剧社风采，并大力支持"北大剧社"微信公众号、"B站"账号等网络账号的建设运营，助力社团通过新媒体手段发挥美育功能。

通过构建社团线上线下育人阵地，北大剧社培育了众多话剧艺术爱好者与表演者，面向全校师生进行了形式丰富、广受欢迎的艺术宣传与舞台展演，并记录、留存了众多社团美育实践成果，切实提升了美育实

践育人的成效。

## 五、总结与思考

习近平总书记在 2018 年全国教育大会上强调："要全面加强和改进学校美育，坚持以美育人、以文化人，提高学生审美和人文素养。"[①] 做好美育工作，要坚持立德树人，扎根时代生活，遵循美育特点，弘扬中华美育精神，让祖国青年一代身心都健康成长。北京大学一直以立德树人为根本任务，将思想性与艺术性相结合、情绪体验与逻辑思维相结合，有效推进以美育人、以文化人，全面拓宽美育渠道和覆盖面，切实提升育人质量和效能，培养德智体美劳全面发展的社会主义建设者和接班人。

高校艺术类学生社团的实践工作坊作为社团育人工作的重要载体，能够也应当在美育方面取得更突出的成效。以育人为导向、以社团为依托的文化艺术实践工作坊建设发展将持续发挥高校社团"第二课堂"育人阵地的重要作用，通过社团培养、提升学生自身美学素养，实现"以美育美、以美育人、以美促教、以美创新"。

北京大学在"五育并举""五育融合"的视域下推进社团美育建设是一项系统工程，一方面需要社团成员自身的积极参与和探索创新，另一方面需要对社团管理组织部门加强思想引领，推广优秀经验，提供支持保障，在此基础上还需对推进校内美育项目的融合构建提出更高要求。今后，北大社团将持续以美育工作机制改革创新为目标，以实践工作坊的建设发展为抓手，为落实立德树人根本任务、扎实推进"五育并举"、切实提升育人质量，贡献属于北大社团的智慧和力量。

---

[①] 中华人民共和国中央人民政府. 习近平出席全国教育大会并发表重要讲话 [EB/OL]. (2018-09-10)[2025-04-15]. https://www.gov.cn/xinwen/2018/09/10/content_5320835.htm.

# 以住宿制书院课程为核心,探索美育新举措

李泊桥　刘欣悦　曹艺舰

（元培学院）

## 一、项目概况

元培学院深入贯彻落实习近平总书记关于教育的重要论述,以住宿制书院课程建设为抓手,积极探索美育项目,持续推进新时代美育改革。项目内容包括开设美育类书院课程、建设美育环境、培育美育组织,三者相辅相成。书院课程是美育浸润式教育的核心,课程关注年轻人的审美需求;以"生活美术馆"为代表的环境建设,打破了传统学术教育和日常生活体验的隔阂,提供了美育实践机会;各式各样的学生兴趣小组则成为学生自发进行美育活动的尝试平台。

**1. 课程建设。** 2020 年起,元培学院在教学培养方案中设置 2 学分的"书院成长课程"必修课,开设了覆盖德、智、体、美、劳五大模块的书院课程（图 1）。学生需完成至少 8 学时的美育类书院课程。美育类书院课程多以能力和兴趣为出发点,并且重视美学知识的实践。

**2. 环境建设。** 2019 年,元培学院完成了 35 楼住宿制书院空间的改造。该空间不仅是住宿场所,也是学生共同生活和思想交流的教育空间,是一座践行美育的"生活美术馆"。

**3. 组织建设。** 元培学院依托美育课程组织了一系列实践活动,孵化出多个学生俱乐部,为学生的全面成长提供了广阔空间,实现了第一课堂与第二课堂的联动,建构了大学教育完整生态链条。

|  | | | | |
|---|---|---|---|---|
| 德育课程 | 红色渊源系列课程 | 从红色燕园到寰宇形势 | | 中国传统文化初探与德育实践 |
| | 探索成长 | 我的家乡 | | 畅游红色北京 |
| | 元行传薪 | 学业与人生 | | 漫步人生 |
| 智育课程 | 粤语班 | 学业规划课 | 小语种特色班 | 元智乐弈 | 元桌会友 |
| | 职业素养提升 | 中国手语入门 | 品牌运营实操 | 国际能力提升 | 读书会（社科） |
| | 读书会（政经哲） | 公共表达与实用沟通 | 历史城市与文化遗产 | | 留学生汉语写作 |
| | 北京的交通与城市探索 | 北京历史地理文化导读 | 城市生物多样性调查保护：从燕园开始 | | 岩之言 认识矿物与化石 |
| 体育课程 | "元培跑跑跑" 跑团 | 定向运动兴趣课 | 健身 塑形 | | 舞蹈 |
| | 棒、垒球 | 乒乓球 | 排球 | | 羽毛球 |
| | 足球 | 台球 | 网球 | | 篮球 |
| 美育课程 | 书法基础实践与艺术鉴赏 | 篆刻基础实践与艺术鉴赏 | 国画基础实践与艺术鉴赏 | | 爱乐传习 |
| | 纪录片大师课 | 中国艺术歌曲演唱与演奏 | 法国新浪潮电影的源与流 | | 扬琴工作坊 |
| | 戏剧课 | 古琴工作坊 | 轻松歌唱 | | 绘画班 |
| 劳动教育课程 | "元plus" 技能培训讲座 | 极客创意动手实践课 | 35元设计实验室 | | 美食元桌汇 |
| | 元行力行 | 劳动生活技能课 | 摄影基础课 | | 手工课 |
| | 编织基础 | 从零制作无人机 | 元气咖咖咖 | | 创新空间设计 |

**图 1 元培学院书院课程表**

## 二、项目设计理念

元培学院的美育实践秉持"浸润式"的理念，从"课程育人""环境育人"和"组织育人"三个维度展开，力求将美育元素融入学生的日常学习和生活。书院课程提供了理论与实践结合的美育内容，环境建设为学生创造了美育实践机会，兴趣小组则为学生提供了自发进行美育活动的平台。

在长期的教育实践中，元培学院总结出了自己的美育理念——美育不仅仅是课堂上的教育，更应该渗透到学生的每一个生活细节中。这个设计理念强调通过潜移默化的方式，让学生在日常生活中自然而然地接触和体验各种形式的美。因此，学院致力于在宿舍环境、校园活动和书院课程中融入艺术和美学元素，使学生在日常生活中潜移默化地培养审美素养，丰富审美情感和审美体验。

课程育人方面，书院课程是元培学院落实美育实践、进行浸润式教育探索的核心抓手。书法、国画和篆刻课程是元培学院美育类课程的代表。书法课上一点一画，皆有章法；一撇一捺，都是学问。课程从"零基础"入手，教授执笔、运笔等基本内容，引导学生欣赏名家作品，提供基本书法工具及练习场地，组织学生自行练习，用半年左右的时间使学生掌握书法的基本知识和书写技能，以期培养学生的书法兴趣，提高学生的书法鉴赏能力。"千载寂寥，披图可鉴。"中国画的创作讲究构思和意趣，笔墨挥洒下，勾勒的不仅是客观对象，还是作者的主观情感体验。虚实浓淡、疏密点排之间，处处透露出古人博大的人生智慧与独特的审美情趣。每学期，国画课教授竹、兰、梅、菊、荷等其中一种或几种意象的基本画法，使学生在浅碧深红间发现国画的魅力。以刀代笔，分朱布白。方寸之间，气象万千。篆刻作为汉字特有的一种艺术形式，在其悠久的发展历史中几经流变，吞古纳今，蕴含着多元丰富的审美意趣。篆刻课会简要介绍篆刻的基本理论知识，如篆刻的发展历史、篆刻的鉴赏方法、印稿设计的字体、章法和刻印的几种刀法，并给予学生充分的自由探索空间，教师会在学生完成刻印后加以指点、修改。

书院课程还鼓励跨学科合作，学生在学习艺术的同时，还能结合其他学科知识进行创作与展示。例如，在"创新空间设计"书院课程（清华大学唐克扬开设）中，学生既可以利用物理和工程知识理解空间改造的设计理念，也可以利用文学和历史知识进行艺术创作。同时，学院还与书院课程教师合作，积极开展艺术实践活动，安排学生走访艺术家工作室和特色文化空间，与名家面对面交流，拓宽学生的艺术视野和文化见识，增强他们对美的理解和感受。

环境育人方面，元培学院将35号宿舍楼打造成一座"生活美术馆"，为学生提供了美育实践机会。这一改造是"创新空间设计"书院课程的延伸，通过课程，学生观察并改造宿舍楼和地下室，将这些空间变成艺术展示和实践的场所。在这个过程中，学生不仅感受了美，也在实践中提升了自己的动手能力和审美素养，实现了元培学院知行合一的育人目标。

组织育人方面，元培学院通过组织学生兴趣小组，为学生提供自主开展美育活动的平台。例如，"学生设计组"凝聚了一批热衷视觉设计的元培青年，为学院提供了高质量的视觉设计产品。在参与这些活动的过程中，学生不断学习美、感悟美、实践美。这些兴趣小组不仅提升了学生的专业技能，也增强了他们的合作能力和团队意识。

## 三、典型活动案例

### （一）课程育人："轻松歌唱"书院课程

近年来，元培学院不断丰富课程内容，旨在全方位陶冶学生的审美情操。"书院成长课程"必修课分为德智体美劳五大模块，现以美育模块中的"轻松歌唱"课程为典型案例，简要介绍元培学院在课程育人层面的成果。

"轻松歌唱"是首门"大讲堂艺术实践课"，也是元培学院和百周年纪念讲堂合作的第一门美育类书院课程。音乐教育是美育中极为重要的组成部分，它提供给人一种崭新的、诗意的语言，让人可以畅快地用旋律与他人交流、与自己对话。"轻松歌唱"为这种表达提供了一个绝佳的平台。课程的开设使得艺术从舞台走进课堂、走进生活，让学生在学习实践中感知美、发现美、表达美、创造美。在著名女高音歌唱家、一级演员尤泓斐老师的指导下，学生既可以敞开心扉在舞台上优雅、动情地演唱，也能在台下主动欣赏、感受歌剧艺术，真正将对"美"的追求转化为一种生活态度、生活方式。

在课程内容的设置上，"轻松歌唱"主要包括艺术鉴赏与表演实践两个模块。在艺术鉴赏模块，学生沉浸在《图兰朵》《歌剧魅影》《白毛女》等中外经典歌剧、音乐剧的世界之中，体会人物的悲欢离合，进而感受音乐无与伦比的魅力。这些精华片段消除了大家过去对于歌剧"听不懂""枯燥"的偏见，叩开了学生的心扉，久久回荡在学生的心中。在表演实践模块，学生接受的第一课便是"如何自信地站上舞台"，摆脱了拘束和浮躁，每个人站到观众面前的那一刻便是美的。在此基础上，每位学生根据自身水平选择中外艺术歌曲，在教师的指导下直抒胸臆地、感情充沛地、嘹亮地将作品呈现出来，组成一场令人难忘的结课音乐会（图2）。自2021年秋季学期开班以来，这样公开演出的音乐会已经在北京大学百周年纪念讲堂李莹厅举行了6次。

"轻松歌唱"课程对于学生的影响是深远的。开班至今，参与课程的学生人数超过80人，其中大部分是没有学习过声乐的零基础学员。学生普遍反馈课程"教会了我自信而优雅地歌唱""让我克服了对舞台的恐惧""受到了美的熏陶""享受了在课程中和其他同学一起练习和表

图 2 轻松歌唱：课程学生汇报展演，毕业年级合唱节目

演的过程"，很多学生在课程结束后成了日常生活中的好朋友。课程不仅让学生感受到了音乐之美、艺术之美、生活之美，更让他们收获了美好的友谊，从更深刻的层次上感悟到了美育的内涵，这种"美美与共"的氛围同样是值得珍视的。

"轻松歌唱"课程提供的平台，不只让上课的学生受益，更为在台下欣赏音乐会的观众带去了美的体验和思考。从这个层面来说，课程美育的对象和意义获得了极大拓展，每一位参与结课音乐会的人都成为美的参与者和践行者。未来，还会有更多人参与到这场美育实践之中。来自学生的真情表达，无疑是元培学院所取得的"浸润式"美育成效的最好写照。

除了"轻松歌唱"课程，元培学院还开设了许多同样精彩的美育类书院课程，这些课程均有专业老师全程指导："舞蹈美育系列课程"讲授了各式各样的舞蹈流派与动作，帮助学生释放天性，感受肢体动态之美；"古琴工作坊"通过向学生传授古琴指法、琴曲和琴歌的相关知识，让学生认识了古琴艺术、体味了琴乐之美，通过习琴提升了自身艺术修养；"戏剧课"通过训练学生编、导、演的全方位技能，提高了学生戏剧作品鉴赏能力；"导演创作基本原理与技能"则给学生提供了舞台演出的机会，引导学生更加关注完整的导演艺术创作、学会从导演的视角开展艺术构思；篆刻课程简要介绍了篆刻的基本理论知识，以学生动手实践为主，给予学生充分的自由探索空间（图 3）；书法课程引导学生欣赏名家作品，使学生掌握了书法的基本知识和书写技巧（图4）……大量的美育类书院课程，既向学生传授了新的技能，又在多个维度提升了学生欣赏美的能力，更将文化弘扬、国粹传承和艺术理论普及巧妙地融入艺术教育之中。

图3 书院篆刻课上，老师为同学讲解篆刻方法

图4 书院书法课上，老师为同学示范书写方法

书院课程结合了学生的兴趣爱好和学院的美育理念，不仅有效地培养了学生的艺术鉴赏能力和创造力，还加深了学生对美的理解，使学生在课堂内外都能更加全面地发展自我，实现德智体美劳的全面发展。

**（二）环境育人："生活美术馆"的建设**

合适的美育空间载体会大大提升美育的效果。2019年，元培学院根据住宿制书院的教育目标完成了对35号宿舍楼地下空间的改造，并将35号宿舍楼打造成一座"生活美术馆"。"生活美术馆"不仅是元培学子的生活、学习场所，更是"一站式生活社区"的重要载体，而且还是美育的实践空间和艺术细胞的培养空间，它使美的理念浸润到学生的日常生活中。

"生活美术馆"的建设是学院开设的"创新空间设计"书院课程的延伸。课程中,学生细致观察元培地下室与宿舍楼层,寻找并合理利用可供改造的空间。例如,参与课程的学生将墙壁粉刷改造为一幅北大校园的"打卡"地图,墙面预留了物理可变的元素,学生可以把自己的照片贴上去,和地图融为一体,以这种方式"打卡"自己在燕园的时光,留下自己在燕园生活的点滴。定位模板、粉刷墙壁、拼接模型、粘贴标识,最终快速"造"成了几处焕然一新的空间角落(图5)。课程"目的导向、资源优先、所见即所得"的设计,以元培学院35号宿舍楼作为创新空间设计的改造对象,最终使得每位参与学生既是空间创新的设计师又是实际的用户,真正实现了将思考美、创造美的实践教育浸润到学生的日常学习生活中。在这门课程中,学生亲自利用多种技术工具,充分发挥元培学院学科交叉性的优势,分工合作,将所学知识和审美要素结合,实地走访各领域的名家工作室与特色空间,开阔了人文眼界,提高了创新素养。

图5 "创新空间设计"课上,学生尝试创意粉刷墙面

地下室的天井被改造为艺术作品的展示空间,这些艺术作品既有名家名作,也有元培学子创作的作品。"生活美术馆"的改造兼具可能性和创新性,打破了传统学习和美学实践的隔阂,在实际的生活场景中培育了学生的实践能力和思维能力,最终达成了知行合一的育人目标(图6)。

图6 元培学院35号宿舍楼地下空间,生活美术馆一角

## (三)组织育人:美育兴趣小组和实践活动

元培学院的书院课程同时培育了大批的美育相关的学生兴趣小组和实践活动。例如,书院设计课程凝聚了一批热衷视觉设计的元培青年,组成学生设计小组。在书院课程指导下,学生彼此切磋交流,在实务演练中精进技法,为元培学院提供了质量上乘的视觉设计产品,极大地丰富了学院师生的文化生活(图7)。在参与兴趣小组的过程中,学生既得到了美学创作的实践锻炼,同时也向学院的其他同学展示了自己的劳动成果,把优秀的设计作品"浸润"到学院的育人日常中,使学生学习美、感悟美、实践美。

图7 学生设计小组为学院讲座设计的部分海报

为了给学生提供更多发现美、理解美和展示美的机会和平台，元培学院还为学生组织了大量的实践活动。例如，2020年，元培学院和北大昆曲基地共同举办了"鸣鹤云端——元培书院昆曲古琴文化节"（图8），以展览、学术沙龙、音乐会等方式让元培学院的美育与昆曲和古琴结合，陶冶了学生的情操，提升了学生的文化素养。

图8 元培书院昆曲古琴文化节宣传海报

美育绝不应局限于传统的课堂之中，当我们走向广袤的世界，主动和身边的美育元素交互时，我们也从更多视角体察到了美育的可能——类似于"轻松歌唱"的课程育人、"生活美术馆"的环境育人，以及设计小组和文化节的组织育人。当然，美育的可能性并不会止于此，这需要我们在未来继续积极探究。

## 四、项目组织实施保障体系

### （一）制度保障

经过多年探索，元培学院形成了较为完备的住宿制书院体系架构，由学院党委领导，在党政联席会下形成了书院委员会，由学院教学、学工和导师组织专业的力量提供支持，辐射书院工作的各个方面，与学院的日常工作有机结合，形成联动。同时，由学院党委书记任书院总监，切实保障坚持党的方针路线不动摇，切实完成好立德树人的根本任务，为党育人、为国育才，培养德智体美劳全面发展的社会主义建设者和接班人。

## （二）系统保障

元培学院的学生开发了"智慧书院"系统，用信息技术支撑起学生社区的智能化运转。该系统涵盖地下室预约、活动管理、书院课程安排、通知订阅、日常问题反馈等功能，记录了学生个人和学生组织成长轨迹。"智慧书院"平台可以全面优化管理流程，推动书院各式活动的开展，也记录了学生学习生活和成长发展历程中的点点滴滴，为住宿制书院的智慧化管理提供了系统保障。

## 五、总结与思考

在本项目体系中，"课程育人""环境育人"和"组织育人"三个维度相辅相成，共同保障元培学院"以住宿制书院课程为核心，探索美育新举措"活动的持续开展。美育类书院课程是元培学院进行"浸润式"美育教学的核心抓手，同时，依托书院课程，以兴趣为出发点，又凝聚了一批志同道合的学生形成美育兴趣小组，促使学生自觉开展美育活动，在书院中形成了良好的校园文化氛围，而学生之间有益的交流互动又更进一步地促进了学习生活共同体的建设。

元培学院"浸润式"美育采用综合的教育方法，将美育元素融入教育的各个层面，打破了传统的学习模式与日常生活的隔阂；为学生提供了多元化的学习机会，让学生从多个维度接触到不同的美育形式，在提升其审美能力的同时，也着力培养学生的创造力和社会责任感；主动发掘学生对美学的兴趣，以一系列激励目标让学生主动去探究"美"的实现，让学生在目标达成时更有成就感，进而持续地用美学的理念影响身边的人。同时，美育可以有效地缓解传统教育中学生常常会出现的孤独感、焦虑感等心理压力，充分体现元培学院"尚自然展个性，化孤独为共同"的教育理念。

未来，元培学院将继续营造美育的氛围，邀请社会各界的专家学者给予学生更多方面的指导，结合生活空间改造、教育实践活动等可行路径，拓宽美育在大学育人中的应用场景，把既有的美育探索方法常规化，建设更高品质、更多类型的美育课程，将学生培养为德智体美劳全面发展的人才。

# 基于美育资源整合利用的多元立体化育人实践项目：
# 北京大学赛克勒考古与艺术博物馆美育创新特色

商晨雯　曹　宏　王伟华　路　菁　刘彦琪
（考古文博学院）

## 一、项目概况

北京大学赛克勒考古与艺术博物馆（以下简称"博物馆"）是中国高校第一座现代化博物馆和第一座考古专题教学博物馆，目前拥有藏品13000余件，大部分为中国考古学各时期的典型标本，如周口店遗址石器、新石器时代不同考古学文化的代表性器物、商周甲骨、山西曲村晋侯墓地出土的铜器及玉器等。藏品收藏始于20世纪20年代北京大学国学门考古学研究室，之后陆续汇集了北京大学博物馆和燕京大学史前博物馆的部分收藏，北京大学从田野考古发掘中获得的教学标本，国内一些文物、考古机构和博物馆调拨的器物，以及海内外文物收藏家的捐赠。除了中国考古学教学标本外，博物馆还拥有包括丢勒、伦勃朗、马蒂斯、毕加索等西方艺术大师作品在内的600余件西方版画，具备国内最为完整的西方版画收藏体系。

博物馆自建成开放以来，秉承"考古传递理性，艺术激励创新"的理念，充分发挥其教学、科研和社会服务功能，通过展览的形式培育学生的艺术素养、科学精神和国际视野，提升学生的美育素养。博物馆举办了以考古、艺术及北大师生科研生活为主题的多项展览，包括以北大师生田野考古发掘重要收获为基础的基本陈列"燕园聚珍"、以唐纳德·斯通教授捐赠为主体的西方版画展和由"吉莉安·赛克勒女爵士国际艺术家展览项目"推介的国际艺术家展览；此外，还有许多学术性特展，如"吉金铸国史——周原出土西周青铜器精粹展""花舞大唐春——何家村遗宝精粹展""秦与戎——秦文化与西戎文化十年考古成果展""千山共色——丝绸之路文明特展""吉金耀河东——山西青铜文明特展""北京大学考古100年 考古专业70年特展"等，获得了业内外的广泛好评（图1）。

图1 博物馆历年部分展览海报

## 二、项目设计理念

博物馆集收藏、保护、展示、研究文物于一身，并充分发挥其教育功能，成为全民美育、专业育人的重要平台。博物馆界对教育使命的关注也与日俱增，如2024年国际博物馆日的主题便定为"博物馆致力于教育和研究"（Museums for Education and Research），强调了文化机构在提供全面教育体验方面的关键作用。博物馆也是培养好奇心、创造力和批判性思维的充满活力的教育中枢，从艺术、历史到科学技术，博物馆形塑着人们对世界的认知。

在"考古传递理性，艺术激励创新"理念的指导下，博物馆逐渐探索出一条基于博物馆特色美育资源整合利用的多元立体化育人实践的发展路径。在资源有限的前提下，充分活化利用馆藏辅助教学科研，培养专业人才并服务公众。以馆藏保护研究为基础，以展览为框架，以本校师生为人才支撑团队,以设计形式多样的文化教育产品为发展方向,建设智慧、可持续的高校博物馆。

## 三、典型活动案例

### (一)馆藏数字化资源建设

博物馆自2016年开始按照国家第一次可移动文物普查的专业要求对博物馆藏品进行了数字化资源的专业采集工作,为搭建博物馆馆藏文物数据库做好了必要性的准备。

**1. 馆藏文物数字化资源建设项目。**馆藏文物数字化资源建设是博物馆藏品管理工作的重点之一,由馆内工作人员带领考古文博学院的博士研究生一起完成(图2)。学生接受过系统的学术训练,对文献及考古实物材料较为熟悉,可以对文物名称、年代、来源等文物基本信息进行鉴别与信息深化。学生参与馆藏文物数字化资源建设,既推动了博物馆藏品研究,同时也可助力其学术成长。同步进行的还有博物馆文物旧档案的数字化工作,这项工作可以为博物馆藏品研究提供借鉴资料,如藏品来源、流传经历等。

目前,馆藏文物资源已有约1/3的藏品建成了数字化档案,为馆藏的进一步活化利用提供了基础保障。近几年举办的展览中,大量沉寂于

图2 博士助研参与藏品数字化资源建设

库房里的文物与公众见面。已有多家博物馆向赛克勒考古与艺术博物馆提出巡展申请,未来北京大学藏古代外销瓷将会走出校园,向社会展示优异的美育成果。

**2. 版画特藏数字化资源建设及活化利用项目。**2007年至2019年,外国语学院英国语言文学系唐纳德·斯通教授每年在博物馆策划一次版画展,并向博物馆捐赠了600余件(组)西方艺术品(以版画为主),使博物馆馆藏西方艺术品规模不断壮大。至今,博物馆已经拥有全国范围内最为完整的西方版画收藏体系,并为北大师生举办了14次主题版画展。

博物馆招募具有艺术史学习经历、外语水平较高的学生志愿者,共同组成版画特藏数字化资源建设团队,负责整理历年版画展档案、完善版画基础信息、汇总版画相关研究内容等多项工作。此外,版画团队还负责版画特藏资源的活化利用,策划版画专题展览,对版画藏品进行可视化展示。2022年,在唐纳德·斯通教授逝世一周年之际,博物馆推出了"旅途与想象——馆藏中国题材版画展暨唐纳德·斯通教授纪念展",展出博物馆收藏的71件(组)中国题材的西方艺术品(以版画为主),策划团队成员主要为博物馆志愿者。该展览于2023年赴云冈博物馆展出,使更多观众了解到斯通教授对中国的深厚情谊,展览共接待了61万余位观众(图3)。

图3 馆藏中国题材西方版画在云冈博物馆巡展,墙面上喷绘了斯通教授的话:"这些作品不是我的;他们属于北京大学的学生。"

(摄影:云冈博物馆)

**3. 博物馆馆藏文物精华系列图录编纂项目。** 基于博物馆的馆藏文物资源系统化梳理，博物馆计划开发馆藏文物精华系列图录的编纂项目。由考古文博学院院长（即博物馆馆长）担任主编，各专业方向教研室老师担任学术主持，博物馆工作人员全流程统筹调度，考古文博学院硕博研究生及高年级本科生参与藏品的基础信息整理。目前，馆藏文物精华系列图录编纂工作已取得初步成果，北京大学考古文博学院、北京大学赛克勒考古与艺术博物馆编《北京大学考古100年 考古专业70年》特展图录已于2024年11月出版；"燕园聚珍"系列丛书推出《北京大学藏裴文中捐赠石器选粹》（图4）新著，"外销瓷""铜镜""青铜器"等卷亦将付梓。本馆藏品正在北大师生的努力下焕发出新的光彩，以新的时代内涵增强其生命力，

图4 "燕园聚珍"系列丛书之《北京大学藏裴文中捐赠石器选粹》

使公众感知到其蕴含的崇高的历史价值与美学价值，使百年考古学发展积累的考古成果得以与人民大众共享，提升全社会的历史文化素养。

### （二）面向博物馆学专业研究生的博物馆助研项目

博物馆学专业硕士研究生在学习阶段需完成一学期的专业实习，而其他中大型博物馆提供给学生的实习任务往往流于表面，学生鲜有机会接触到核心业务，难以锻炼专业实践能力。赛克勒考古与艺术博物馆则以培养学生成才为己任，引导学生深度参与展览策划、藏品管理、教育活动策划、观众研究等工作，全面接触博物馆专业运作及运营管理的流程，为博物馆学专业硕士研究生的学习与工作衔接提供了连通的桥梁。

在博物馆实习或志愿服务的经历为毕业生提供了坚实的学术实践支持。通过在博物馆实习或志愿服务，学生参与策展、组织教育活动、调查观众需求，对学科与行业的理解更为深刻，也促进了中华优秀传统文化的创造性转化和创新性发展，进而成为美育的传播者（图5）。

> **策划展览——"以展览为桥梁，让文化自信的种子在人们心中生根发芽"**
>
> 站在成都金沙遗址博物馆"吉金万里——中国西南地区青铜文明展"的展柜前，作为策展人之一的蔡经纬露出了欣慰的笑容："这是我国目前规模最大、展品数量最多、文物等级最高的西南地区青铜文明专题展，涉及考古遗址近百处。"
>
> 一场精彩的青铜艺术盛宴如何呈现在观众眼前？策展在其中起到怎样的作用？蔡经纬打了个比方："如果将一场展览比作一台大戏，那么策展就承担着导演和编剧的角色。"
>
> 从选择主题、阅读资料，开始编写"剧本"，到选择最合适的文物做"演员"，再到筹划展厅、布局、灯光、造景等"舞台"布置……每件文物展出时的视觉效果、场景解说，都是策展过程中必须考虑的因素。
>
> "既需要打开视野、搭建展览的叙述框架，也需要细致谨慎、保证文物的绝对安全。"蔡经纬说，"比如，在'吉金万里'展览中，每到一处借展地点，都要仔细检查文物状况；在装箱运输时，有时需要根据文物的尺寸、形状，切割出合适的凹槽，确保文物能严丝合缝地卡在运输箱里。"
>
> 之所以选择策展工作，源于蔡经纬在北京大学赛克勒考古与艺术博物馆的一段实习经历。"在跟着老师一起策划布展的过程中，我对考古、对文化的理解更加深入，运用所学知识的能力也进一步加强。"她感慨道，"在策展中，为什么要表达、想要表达什么、怎样去表达，这些都是需要我们不断追问的命题。"
>
> 将考古发掘、保护研究的成果展示到公众面前，让更多人了解国家宝藏的魅力，向更多人讲述源远流长的民族历史，离不开每名策展人的努力。蔡经纬说："目前，策展行业还有不少可以努力的空间，除了宏观叙事的展览外，从小切口出发，由小见大、由浅入深，丰富互动形式、增强观众参与，值得进一步探索。"
>
> 展陈绝不仅仅是文物的展示，更要让观众获得美的熏陶，走进文物背后的世界。蔡经纬希望，"通过挖掘更全面的历史，让观众与过去建立连接，以展览为桥梁，让文化自信的种子在人们心中生根发芽。"

**图 5《人民日报》2023 年 11 月 21 日第 6 版"守望·特别策划"：北京大学考古文博学院 2009 级本科团支部学生投身考古事业——"勇做走在时代前面的奋进者、开拓者、奉献者"专题报道**

### （三）面向全校学生的博物馆志愿者项目

习近平总书记指出，要在全社会广泛弘扬奉献、友爱、互助、进步的志愿精神，更好发挥志愿服务的积极作用，促进社会文明进步。志愿服务是加强精神文明建设、培育和践行社会主义核心价值观的重要内容。博物馆志愿者队为"志愿北京"官方注册团队，2018 年冠名为"改革先锋樊锦诗文物保护青年志愿宣讲团"，成为考古文博学院党建育人的重要力量。

博物馆志愿者的金牌活动是每学期在周末固定时段面向校内外公众的团体导览。志愿者根据展览大纲图文以及与观众交流后所获取的参观需求与兴趣来撰写讲解词，经过培训与考核的志愿者除周末定点导览外，还为校内外各院系、机构、部门提供团体导览服务，以提升观众的参观体验（图 6）。

图6 志愿者在校园开放日为观众讲解外销瓷展

自开馆以来,博物馆共接待校内外观众百万余人次,其中包括国际合作部对接的日本高校代表团、挪威科德艺术博物馆代表团、物理学院留学生暑期学校代表团、中国台湾杰青团,统战部对接的中央社会主义学院新疆青年代表团,招生办对接的多个全国各地中学生代表团,等等。诸多单位在博物馆开展党建学习,参观展览、欣赏文物,进一步加深了对中华优秀传统文化的认识和了解。博物馆助研与志愿者还根据藏品资源与展览内容创作寓教于乐的教育活动,为北大各院系、北大附中、北大附小师生提供专场研学教育活动(图7),设计引人入胜的学习单,策划活动流程,获得了活动参与师生及家长的广泛好评。

图7 "北京大学考古100年 考古专业70年特展"北大附小专场教育活动

博物馆志愿者团队建设与党建创新结合的模式曾被《光明日报》等官媒报道①，推动考古学走向大众，践行"做中华遗产的保护者、中华文明的诠释者、中华文化的传播者"理论，为文化与美育工作赋予了时代意义和价值。

### （四）面向公众的博物馆展览及配套教育项目

展览项目不仅是传统文化与美育的盛宴，也是对科研成果的集中展示。博物馆将展览与人才培养相结合，让学生有机会参与博物馆各种台前幕后的工作，包括从前期资料收集整理、展品挑选、内容策划、布展、宣传到教育活动设计等在内的方方面面的工作。

近3年，博物馆相继推出"吉金耀河东——山西青铜文明特展""旅途与想象——馆藏中国题材版画展暨唐纳德·斯通教授纪念展""北京大学考古100年 考古专业70年特展""比邻天涯：北京大学藏古代外销瓷特展"等多项展览。

展览均有配套系列教育活动，如学术导览、专家讲座、面向本校师生和中小学生的专场教育活动以及面向公众的固定时段志愿讲解等。

### （五）打破时空限制的线上VR导览以及语音导览

博物馆在2020年开始加大VR导览和语音导览的制作力度，做到闭馆不闭展，为每一个展览都制作了线上VR导览和语音导览。学生团队在教师的指导下完成了语音导览的筹备工作，包括讲解稿的撰写、器物的挑选、导览框架的设计、录音等（图8）。

博物馆还深度参与了国际研究型大学联盟（International Alliance of Research Universities，IARU）②的项目，为推进北京大学的国际化发挥了重要作用。2020年7月，北京大学倡议发起了"IARU虚拟博物馆之旅"（IARU Virtual Museum Tours），号召IARU各成员校以在线参观、讲座等丰富形式，与校内外受众分享大学博物馆资源，促进国际沟通与交流。

---

① 晋浩天. 北大考古文博学院创新党建工作：为国考古 为党育人 [N/OL]. 光明日报，2022-06-10 [2023-11-20]. https://news.gmw.cn/2022-06/10/content_35799907.htm.

② 国际研究型大学联盟成立于2006年，由11所世界知名研究型大学组成，成员包括：北京大学、澳大利亚国立大学、东京大学、新加坡国立大学、牛津大学、剑桥大学、哥本哈根大学、苏黎世联邦理工大学、伯克利加州大学和耶鲁大学，以及2016年加入的开普敦大学。

 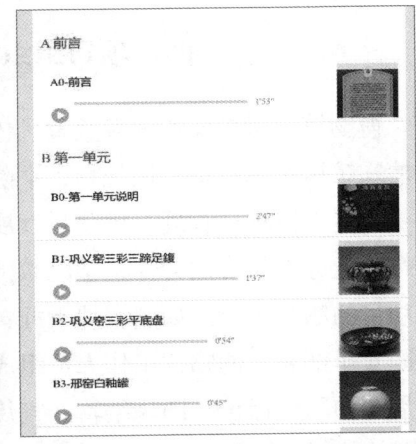

**图 8 博物馆为"比邻天涯：北京大学藏古代外销瓷"特展制作的
线上 VR 导览及语音导览**

（来源：北京大学赛克勒考古与艺术博物馆微信公众号）

该提议作为 IARU "虚拟校园倡议"的一部分，得到了联盟主席、秘书处和各成员校的热烈支持。我馆为 IARU "虚拟博物馆"特别提供了"十九世纪的吟游诗人——馆藏德拉克洛瓦版画展"和"吉金耀河东——山西青铜文明特展"两个中英文双语线上展览①。本项目促进了国际研究型高校的文化交流，提升了学校美育成果的海内外影响力（图 9）。

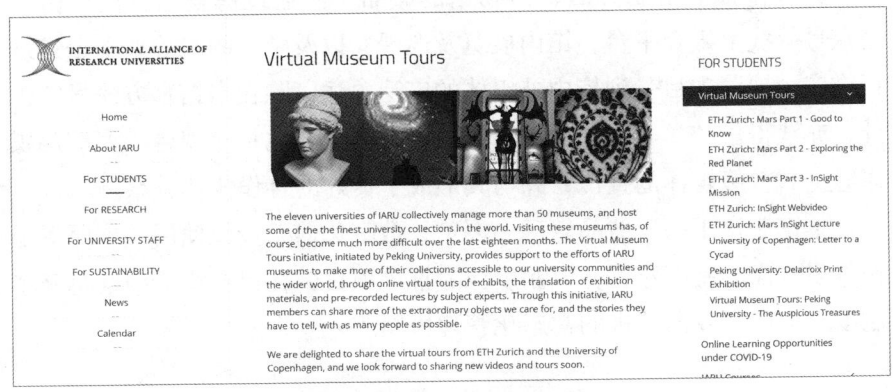

**图 9 IARU 官网主页对"IARU 虚拟博物馆之旅"项目的介绍**

---

① International Alliance of Research Universities. Virtual Museum Tours[EB/OL].[2025-04-20]. https://www.iaruni.org/for-students/vmt.

## 四、项目组织实施保障体系

博物馆由考古文博学院负责具体运营管理及学术指导，学院院长担任博物馆馆长，负责长期规划，学院党政联席会统一部署重要决策。副馆长负责具体统筹管理本馆项目发展，藏品、展览、公共教育、文物保护等各业务部门协同合作，学院教师提供基于特定项目的学术支持，保障项目的顺利运行。如"比邻天涯：北京大学藏古代外销瓷"特展，由学院安排部署，博物馆工作人员组成策展团队，参与到藏品管理、策展布展、预防性保护、图录编辑、宣传教育等工作流程中；陶瓷考古方向教师作为学术主持，把控学术专业度，科技考古教研室团队师生参与藏品的年代判定、成分分析，文物保护教研室团队师生参与藏品修复，多个团队形成合作紧密的专业队伍。

学院制定博士研究生岗位奖学金管理办法，获得各类岗位奖学金的博士研究生均需承担相应的岗位职责，其中博物馆助研岗是选择方向之一。对博物馆各项业务有参与热情的博士研究生参与此工作，需保证每周助研工作时长不少于12小时，1学期工作时长不少于17周，1学年工作时长不少于400小时，以保障博物馆藏品数字化工作的持续稳步推进。

在宣传推广机制方面，博物馆的藏品资源通过博物馆官网、微信公众号等线上媒介平台，馆内展览及巡展，以及学术图录等线下渠道进行推广。展览项目受到校内外媒体的广泛关注，除在本馆官方账号宣传外，亦获得了"学习强国"平台、中央电视台、北京电视台、海淀融媒体等全域各级媒体的宣传，并与其形成了良好的合作伙伴关系。

本馆制定了关于藏品管理、展览、数字化信息授权使用、志愿者工作等多方面的制度章程，以制度保障推进项目，在运营实践中健全完善制度，形成了双向共进的常态化管理机制。

## 五、总结与思考

博物馆承载着历史，凝结着记忆，是看得见的民族精气神，是摸得到的文明根与脉。习近平总书记强调："要把博物馆事业搞好。"博物馆美育工作任重道远，需要有信念的坚守与实践的突破。赛克勒考古与艺术博物馆在多年建设的基础上，对本馆内外部资源态势进行了剖析，对与本馆密切相关的内部优劣势和外部机会等进行了调查列举、系统分析，在此基础上提出了发展决策。在未来的工作中将继续加强文物保护利用和文化遗产保护传承，提高文物研究阐释和展示传播水平，让文物真正"活起来"，成为加强社会主义精神文明建设的深厚滋养，成为扩大中华文化国际影响力的重要名片。

# 发挥纽带作用，促进共建共享：
# 百周年纪念讲堂推动社会美育资源整合

胡新龙　张　勇

（会议中心）

## 一、项目概况

北京大学百周年纪念讲堂（以下简称"讲堂"）于2000年3月正式启动运行，始终将组织校园文化艺术活动作为自己的职责，是学校联系国内外高水平艺术团体的关键纽带。近年来，讲堂结合《关于全面加强和改进新时代学校美育工作的意见》文件精神和《北京大学关于切实加强新时代美育工作的实施细则》部署要求，持续推动发展转型，积极探索"素质教育课堂"的新路径，实现功能内涵由校园文化场所向美育阵地的拓展。

在这一过程中，讲堂研究美育规律、梳理自身优势，逐渐明确了以"艺术实践"为特色的基本思路，提出了"欣赏美、发现美、创造美"的美育实践链条，分别对应观看电影演出、聆听专业导赏、参与艺术创作，通过打通舞台与课堂的壁垒，实现了"艺术从舞台走向课堂，学生从课堂走向舞台"。

讲堂将高水平艺术团体、艺术类专业院校、公共文化事业单位、文艺类行业协会作为整合社会美育资源的渠道。通过进一步发挥纽带作用，促进了校内校外的育人协同，特别是找准了共建契合点，在互利共赢的基础上保证可持续性。讲堂在整合社会美育资源、推动美育浸润方面不断探索，努力为学生成长提供更丰富的体验。

以2021年推出的"大讲堂艺术实践课"为例，该项目课程针对零基础学生进行系统化技能培训，以舞台表演为课程考核方式，深受学生喜爱。讲堂据此凝练出了"聚光灯下教育"的理念，也与主讲的艺术家建立了深厚情谊，培育了"在校园中做教育"的共识，从而赋予百周年纪念讲堂"剧场以外的育人价值"，使讲堂成为北大进一步对外争取美育资源的源头活水。

## 二、项目设计理念

### （一）携手打造品牌，实现演出体系化、成果化

自运行以来，讲堂牢固树立品牌意识，始终注重品牌建设，与名家名团加强合作，坚持久久为功，孵化培育形成以弘扬高雅艺术为基本特色的品牌演出体系，包括中央芭蕾舞团新年芭蕾音乐会、北京交响乐团"春之声"北大专场音乐会、北京大学五四交响音乐会、北方昆曲剧院经典剧目进北大、春风上巳天——江苏省演艺集团昆剧院北大演出季、中央歌剧院歌剧瑰宝音乐会等。2023年9月，作为"新生美育第一课"的新生音乐会迎来20周年，这是讲堂与中国交响乐团合作的重要见证。2024年3月，讲堂历史展览"大讲堂之路"正式向公众开放，其中以专门篇幅介绍了20余年来讲堂与高水平艺术院团合作推出的品牌性演出项目。

### （二）开放讲堂舞台，实现台上台下皆受益

对于专业类艺术院校，积累舞台表演经验是其人才培养的必要环节，而在不同剧场演出，也是学校教育教学成果走出校园的重要途径。如中央音乐学院、上海戏剧学院等单位在讲堂的演出，均为师生同台表演，且具有很高的艺术水准。以2023年10月上海戏剧学院在讲堂演出的"为了忘却的记念——大型原创话剧《前哨》北大专场"为例，该剧由上海戏剧学院音乐剧中心艺术总监王洛勇领衔，集结上戏优秀校友以及多名在校师生倾情呈现，演出阵容中，"00后"学生演员占比达90%，堪称不折不扣的"青春版"。

### （三）引流青年群体，实现博物馆藏品"活化"

习近平总书记指出："一个博物馆就是一所大学校。"北京是全世界博物馆资源最丰富的城市之一，并于2020年提出建设"博物馆之城"，截至2024年底，全市备案博物馆已达241家。面对"挖掘价值、有效

利用、让文物活起来"的工作要求，博物馆成为拓展美育资源的重要方向。为凝聚众智、弘扬优秀文化，聚合力搭建美育平台，北京大学元培学院、会议中心与中国美术馆公共教育部于2023年10月签署合作协议，将中国美术馆的馆藏艺术资源转化为更广泛的美育资源，使中国美术馆成为学生重要的校外美育课堂。2023年11月，作为世界文化遗产的云冈石窟在讲堂举办展览，讲堂发挥校园地理优势正式启动建设"文化艺术长廊"，着力引入更多博物馆资源。

### （四）联系学术支持，实现业界与学界的对接

学科门类齐全、学术力量雄厚是北大的优势，对偏重实践的文化艺术单位有很强吸引力。为此，讲堂发挥媒介作用，根据学生需求联系相关学科中的学术力量，加强交流。2023年5月，在中国电影家协会的支持下，中国电影金鸡奖首次走进北大，共有6部金鸡奖提名及获奖的最佳中小成本故事片和最佳外语片面向师生展映。讲堂与光华管理学院、艺术学院进行联动，精心策划映后主创交流、知名教授导赏、电影大师课、学术论坛等丰富活动，引导师生领略电影艺术深层内涵和文化价值。其中，闭幕学术论坛以"自东徂西：国际语境下的中国电影"为主题，通过业界与学界的对话为中国电影前沿探索、产研融合提供了重要的学术支持。延续这一思路，讲堂与中国电影资料馆于2023年9月合作推出"重探中国电影史2023艺术影展"，精选中国电影史上极具价值的13部经典电影，分6个主题举办了12场展映活动，并且在艺术学院支持下，邀请业内资深专家学者在映后为北大师生带来专业导赏和深度对谈。

## 三、典型活动案例

### （一）讲堂与中央芭蕾舞团的合作

讲堂的建成，为芭蕾艺术绽放燕园提供了舞台，也拉开了中央芭蕾舞团与北大的合作序幕。1999年，讲堂建筑竣工之初，由学校党委宣传部引进，中央芭蕾舞团在此上演精品晚会。2000年，讲堂正式启动运行，首场演出即为中央芭蕾舞团艺术家带来的《胡桃夹子》（中国版）（图1）。

图 1 中央芭蕾舞团在讲堂演出《胡桃夹子》（中国版）

25年来，双方始终同向而行，推出《天鹅湖》《堂·吉诃德》《红色娘子军》等演出、讲座共120余场，共同打造"新年芭蕾音乐会"等文化品牌，并确立了"高品位，低价位"原则，创立了校园剧场与艺术团体携手繁荣校园文化、普及高雅艺术的典型模式，也奠定了北大与国家专业院团的合作基础。中央芭蕾舞团艺术家们以高超的技艺和精湛的表演，极大地丰富了师生的文化生活，对提升学生综合素质、促进美学美育研究、推动对外交流合作发挥了重要作用，产生了深远影响。

2024年4月26日举行的"校庆美育论坛"，以"中芭与北大的美育共践"为主题，纪念北大与中央芭蕾舞团合作25周年，聚焦双方在美育领域的合作成果与未来发展，系列活动包括研讨座谈会（图2）、"走进芭蕾"公开课、交响芭蕾《世纪》影像放映、《中芭在北大》展览等。

图 2 "中芭与北大的美育共践"研讨座谈会现场

**(二)讲堂与北方昆曲剧院的合作**

昆曲被誉为"百戏之祖",是中国戏剧美学成就最高的剧种之一,于 2001 年被联合国教科文组织列入首批"人类口头和非物质文化遗产代表作名录"(现为"人类非物质文化遗产代表作名录")。作为长江以北唯一的昆曲表演团体,北方昆曲剧院以弘扬北昆之豪放雄浑、兼取南昆之优雅绵长为特色,形成了豪放而不乏细腻、传统兼具创新的独特艺术风格。

2006 年 3 月 6 日,讲堂与北方昆曲剧院合作开启"经典剧目进北大"系列演出,通过演出、导赏、交流互动等方式打造昆曲艺术展示平台,以不同形式的主题活动培育昆曲艺术,展示传播品牌,形成了主次分明、循序渐进的体系,有效拓展了美育育人的广度和深度(图3,图4)。

2023 年 11 月,"经典剧目进北大"系列迎来百场演出,相关纪念活动包括讲座、演出、研讨、雅集等,除精选《牡丹亭》《西厢记》《玉簪记》等传统剧目演出,还在未名湖岛亭举办了昆曲雅集(图5)。其间,双方还联合举办"中华优秀传统文化的美育价值及其新时代实践"工作研讨会。2024 年 4 月 27 日和 28 日,北方昆曲剧院在讲堂演出第 101 场和 102 场,被确定为 2024 年"'京'彩文化 青春绽放"行动计划文艺行启动活动。

图3 北方昆曲剧院"经典剧目进北大"系列演出之《单刀会·望水》

图4 北方昆曲剧院"经典剧目进北大"系列演出之《牡丹亭》

图5 北方昆曲剧院"经典剧目进北大"系列演出百场纪念研讨会

### (三)讲堂与中国音乐学院的合作

2018年,讲堂与中国音乐学院中国乐派高精尖创新中心共建实践基地,双方在普及艺术知识、弘扬高雅艺术、推进素质教育方面同向而行,取得了丰硕成果,开辟了综合性大学与专业院校携手美育共建的新模式(图6)。

**图6 实践基地启动仪式**

中国乐派交响乐团系列音乐会坚持"讲演结合、赏析并重",突出音乐会的普及特点,实施低票价原则,让每一位学生都能进讲堂观看演出;在内容策划上,双方精选曲目,并邀请著名指挥家执棒,推出丰富多样的音乐专题。实践基地邀请国内音乐领域的名师名家举办讲座,包括音乐家邹文琴主讲"传统音乐——音乐家的摇篮"、歌唱家蒋大为主讲"语言是歌唱的灵魂"、古筝演奏家王中山主讲"中国古筝艺术的传承与发展"等。同时,为顺应新时代科技发展潮流,实践基地邀请多位艺术家通过讲述与影像结合的方式,讲解演绎艺术经典与新作,为艺术爱好者们提供了线上艺术欣赏的新途径。

2023年4月26日,实践基地创建5周年之际,首次举行的"校庆美育论坛"即与中国音乐学院联合主办,针对"新时代美育工作院校合作"展开研讨,双方明确将进一步加强校际联合,推进友好关系,丰富美育实践,助力两校高质量发展(图7)。

图 7 实践基地创建 5 周年之际,"校庆美育论坛"在讲堂举行

## 四、项目组织实施保障体系

### (一)制度保障

2020 年 10 月,中共中央办公厅、国务院办公厅印发《关于全面加强和改进新时代学校美育工作的意见》,其中深化教学改革部分提出,要逐步完善"艺术基础知识基本技能+艺术审美体验+艺术专项特长"的教学模式,在学生掌握必要基础知识和基本技能的基础上,着力提升文化理解、审美感知、艺术表现、创意实践等核心素养,帮助学生形成艺术专项特长。从了解、体验到形成专长和登台演出,这种变化释放了更加重视实践的鲜明信号,对高校美育工作提出了新的要求。《北京大学关于切实加强新时代美育工作的实施细则》明确指出,要"进一步挖掘北京大学百周年纪念讲堂等专业展演空间的美育功能"。

### (二)组织保障

2018 年 5 月 2 日,习近平总书记在北大考察时指出:"高校只有抓住培养社会主义建设者和接班人这个根本才能办好,才能办出中国特色世界一流大学。"① 在推动治理体系和治理能力现代化的进程中，北大后勤强调以实际行动落实立德树人根本任务，要求各单位提高政治站位，积极参与培养时代新人。会议中心作为集多种功能于一身的专业化服务实体，坚持以"服从学校大局、服务广大师生"为根本宗旨，明确以"社会效益与经济效益并重、社会效益优先"为基本原则，"会议中心2023发展计划"就讲堂工作提出要"加大艺术普及力度，提高师生艺术素养"，"会议中心2028发展计划"则进一步提出要"繁荣北大校园文化，服务美育教育改革"。

### （三）机制保障

讲堂是国内高校最早建设的剧场之一，不仅具有一流的场地硬件条件和高素质的专业化运行团队，更建立了"独立核算、自负盈亏"的特殊运行机制。这使其与外部文化市场顺利接轨，能够不完全依赖学校经费支持，而以市场化为出发点和落脚点实现"造血功能"。这是学校赋予讲堂的政策红利。在具体实践中，讲堂通过分析经营数据来把握市场信号，在深入挖掘师生消费需求的基础上，动态调整并丰富产品供给，体现出灵活的机制优势。2021年以来，在学校教务长办公室、教务部的支持下，讲堂主动作为，与元培学院、学生资助中心等单位加强合作，将过去多年积累的艺术资源和艺术活动经验融入学校美育体系。

## 五、总结与思考

推动社会美育资源整合将是一项长期课题，这是市场环境下激发办学活力、实现协同育人的重要体现。

### （一）行动上坚定走出去

高校发展过程中需不断拓展空间，这既包括物理空间，也包括资源体系。由于美育具有特殊性，仅凭学校力量难以支撑其经济基础，因此引入外部专业资源是必要策略。就合作而言，双方必须相互尊重、互利共赢，此时找准契合点就至关重要。高校的资源禀赋具有独特优势，但

---

① 习近平. 在北京大学师生座谈会上的讲话[M]. 北京：人民出版社，2018：5.

在与社会美育资源合作的过程中，需注重换位思考，进行必要的转化，从而实现双方的同频共振。例如，高校需要将场地转化为舞台，提升空间定位；将观众拓展至青年群体，凸显美育影响；从艺术表层深入文化内核，探究其深层机理；将活动升级为课堂，充分体现育人价值。通过这些转变，双方能够真正实现同向发力、协同共进。

（二）标准上必须有所坚持

高校声誉是重要合作资源，也是需要倍加珍惜的文化资产。以讲堂为例，20余年来演出引进始终坚持高门槛，在行业内逐步积累口碑，这使得到讲堂演出成为作品被认可的象征，讲堂因此而为学校争得了荣誉。合作方选择与项目实施过程中，讲堂与合作方必然面临博弈，讲堂对外合作取舍的底线应该是艺术标准不降，且需要与学校的社会地位相称，以维护学校品牌价值。这一底线也是讲堂避免引发舆论争议的安全防护。

（三）为校内单位提供更多定制资源

如前所述，讲堂争取外部的美育资源有其优势，但回归到学校体系，资源利用还是需要体现在围绕立德树人根本任务所开展的具体育人项目中，体现在对校内单位的支撑力度上。为此，讲堂需要进一步深耕校园，与各部门和院系加强交流，掌握其具体需求，明确争取资源的目标和策略，横向打通壁垒、纵向建立生态，为立德树人工作提供更多的定制化服务。